BIENESTAR INTESTINAL

Cómo sentirse bien comiendo

Véronique Liégeois (Dietista)
Ljiljana Milosavljevic (Chef)

BIENESTAR INTESTINAL

Cómo sentirse bien comiendo

EDICIONES OBELISCO

Si este libro le ha interesado y desea que le mantengamos informado
de nuestras publicaciones, escríbanos indicándonos qué temas son de su interés
(Astrología, Autoayuda, Ciencias Ocultas, Artes Marciales, Naturismo,
Espiritualidad, Tradición...) y gustosamente le complaceremos.

Puede consultar nuestro catálogo en www.edicionesobelisco.com

Colección Salud y vida natural
Bienestar intestinal
Véronique Liégeois y Ljiljana Milosavljevic

1.ª edición: septiembre de 2010

Título original: *Bien-être intestinal*

Traducción: *Loto Perrella*
Corrección: *M.ª Jesús Rodríguez*
Maquetación: *Mariana Muñoz Oviedo*
Diseño de cubierta: *Enrique Iborra*

© 2006, Éditions La Plage.
Derechos vendidos a través de Ximena Renjifo.
(Reservados todos los derechos)
© 2010, Ediciones Obelisco, S. L.
(Reservados los derechos para la presente edición)

Edita: Ediciones Obelisco, S. L.
Pere IV, 78 (Edif. Pedro IV) 3.ª planta, 5.ª puerta
08005 Barcelona - España
Tel. 93 309 85 25 - Fax 93 309 85 23
E-mail: info@edicionesobelisco.com

Paracas, 59 C1275AFA Buenos Aires - Argentina
Tel. (541-14) 305 06 33 - Fax: (541-14) 304 78 20

ISBN: 978-84-9777-669-1
Depósito Legal: B-26.280-2010

Printed in Spain

Impreso en España en los talleres gráficos de Romanyà/Valls, S.A.
Verdaguer, 1 - 08786 Capellades (Barcelona)

Introducción

El estreñimiento, el colon irritable, el vientre hinchado... todos síntomas que presentan millones de personas en el mundo occidental. Aunque estas dolencias sean benignas, a menudo los que las padecen las viven de manera muy desagradable, puesto que no existe ningún tratamiento efectivo para curarlas de forma definitiva. Con frecuencia los pacientes tienen la impresión de que no se les toma en serio: los análisis no muestran nada fuera de lo normal, y lo que sienten entra dentro del ámbito de lo subjetivo. Sin embargo, el sufrimiento es muy real, y el hecho de no ser escuchados sólo sirve para aumentar su angustia.

Estos problemas digestivos aumentan con el estrés, y la angustia que generan (miedo a comer, a sentirse mal, a hincharse...) no hace más que empeorar el malestar.

Pero una cosa es segura: es importante evitar la sobremedicación de estas molestias, porque la toma de medicamentos agrava los problemas a medio plazo, o es causa de que aparezcan otros. Algunas personas estreñidas, que han estado tomando laxantes durante mucho tiempo, han visto como su estreñimiento benigno se transformaba en colitis irritativo...

Una mejor elección de los alimentos, combinada con métodos de relajación, dará resultados más duraderos y sin efectos secundarios. Y aunque las dolencias puedan ser distintas, todas sacarán provecho en cierta medida del hecho de actuar con sentido común:

Luchar contra el estrés, y sobre todo contra el exceso de estrés. Las tensiones del organismo se concentran a menudo en la zona abdominal, con manifestaciones distintas según los individuos: uno tendrá estreñimiento, otro sufrirá de un vientre hinchado.

Evitar el tabaco y el alcohol, dos venenos que agravan la irritación de la mucosa digestiva.

Tomarse el tiempo que haga falta, se ganará en bienestar: el tiempo necesario para comer, el tiempo necesario para digerir. El saber hacer una pequeña pausa en el momento de comer no es una pérdida de tiempo, sino más bien un modo de enfrentarse al resto del día con más energía.

Estudiar las comidas y evitar picar entre ellas, porque el aparato digestivo necesita pausas reales entre las comidas para funcionar correctamente.

Escoger alimentos crudos y cocinarlos uno mismo: los productos industriales ya preparados contienen demasiados aditivos que pueden irritar la mucosa digestiva. Consumir productos de buena calidad, a ser posible de cultivo biológico, y evitar almacenarlos demasiado tiempo. Ciertas personas soportan mal una alimentación rica en fibra y en sustancias vegetales que puedan ser irritantes. En estos casos, habrá que ser especialmente cuidadosos en la elección: verduras y frutas que no sean irritantes, cereales semintegrales, pequeñas cantidades de legumbres...

Y para terminar, una manera natural de hacer descansar el intestino es el ayuno. Para sacar provecho de las ventajas del ayuno sin peligro se deberán hacer ayunos muy cortos (de 24 a 48 horas), con reposo e hidratando el organismo por medio de infusiones y de caldos. Se puede ayunar una vez al mes, lo cual es también una manera de aislarse del estrés exterior y de centrarse en uno mismo.

PRIMERA PARTE

ESTREÑIMIENTO

Múltiples causas

El estreñimiento es una dolencia muy frecuente en los países industrializados, mientras que es prácticamente desconocido en aquellas regiones del mundo que siguen un modo de vida tradicional (África negra, regiones agrícolas de Asia...). Se calcula que en Francia una de cada dos mujeres padece estreñimiento. Los hombres tampoco se escapan, ya que uno de cada cuatro también lo padece. Recordemos que en medicina el estreñimiento se define como la emisión demasiado poco frecuente de deposiciones formadas (menos de una vez cada tres días). Esta dolencia, sin ser muy grave, sin embargo a menudo es percibida de manera muy molesta por quienes la padecen. El estreñimiento es un problema abdominal que domina el pensamiento de quien lo sufre, con dolores abdominales, sensación de hartazgo, hinchazón del vientre, incluso la autointoxicación.

Las causas principales de esta dolencia están vinculadas a la evolución de nuestro modo de vida: reducción de la actividad física, demasiado estrés, una alimentación pobre en fibras y materia vegetal equilibradora, y demasiados azúcares. Pero los aspectos más complejos (y los más difíciles de tratar) son los aspectos psíquicos, cuyas raíces se han de buscar muy lejos, en la infancia. La alimentación vegetariana evita el estreñimiento. Los países no industrializados se caracterizan por una alimentación con predominio de los alimentos vegetales, con una aportación reducida de productos animales. Además, se consumen alimentos crudos, no refinados, ricos en compuestos esenciales y no empobrecidos. Se trata, pues de una alimentación muy rica en sustancias de «lastre», que recorren el tubo digestivo y vuelven a salir prácticamente intactas, lo que da volumen a las deposiciones. Naturalmente, se trata de fibra pero también de almidón y de otros glúcidos complejos. Estas sustancias naturales ayudan a equilibrar la flora intestinal.

A los vegetarianos, a causa de la abundancia de fibra en su alimentación, les afecta menos el estreñimiento. Sin embargo, si su alimentación es rica en vegetales y, a pesar de ello, sufre de estreñimiento, asegúrese de consumir regularmente grasas (por lo menos una cucharada sopera por comida) y de comer suficiente. Algunas mujeres, por miedo a engordar, reducen de manera drástica su ingesta de alimentos: si se come poco, es lógico que las deposiciones sean poco abundantes. En este caso, se trata de un falso estreñimiento: un ritmo que hay que aceptar sin intentar modificarlo.

Sedentarismo

Las poblaciones que han seguido un modo de vida tradicional, con una actividad física diaria (trabajos agrícolas, por ejemplo), no conocen el estreñimiento. El sedentarismo favorece el estancamiento de los alimentos en el colon y la ralentización de la velocidad del tránsito. Los alimentos que permanecen demasiado tiempo en el tubo digestivo son digeridos en exceso y deshidratados. El bolo alimenticio pierde volumen y las deposiciones se hacen menos frecuentes. Por otra parte, la falta de actividad física causa una disminución de la masa muscular en el abdomen, lo que dificulta aún más la defecación. Tenemos aquí una paradoja: las personas con estreñimiento a menudo tienen el vientre hinchado por los gases y los espasmos, pero la musculatura, blanda e ineficaz, no consigue expulsar su contenido.

¿Y los productos animales?

Si usted consume productos animales, para esas patologías lo mejor es escoger alimentos muy digeribles, que no favorezcan las fermentaciones intestinales. Por consiguiente, habrá que escoger:

- Pescado blanco (bacalao fresco, gallo, fletán), cocinados al vapor, a la plancha o al horno.
- Carnes de fibra corta: filetes de ternera, de pollo, bistec de buey, pavo, que se harán a la plancha o asados.
- Quesos frescos (queso blanco, mozzarella, feta, queso de cabra fresco) o que hayan sufrido una maduración larga (gruyère, cabrales, idiazábal, de cabra seco). Se evitarán sobre todo los quesos del tipo camembert o brie, cuyos fermentos vivos podrían favorecer la hinchazón del vientre y las fermentaciones.

Aspectos psicoafectivos

Pero el estreñimiento no es un simple mecanismo que deja de funcionar: a pesar de una actividad física regular y una alimentación equilibrada, hay personas que sufren de un estreñimiento crónico. Las causas son complejas, y a menudo se remontan a la infancia: un aprendizaje de la higiene demasiado precoz, relaciones conflictivas con los padres, necesidad de controlar el cuerpo...

Una psicoterapia, unida a unas normas de higiene y dietéticas, puede ser una ayuda efectiva. Por otra parte, hay que saber que el uso crónico de laxantes sólo consigue agravar el sufrimiento, sin conseguir resultados a largo plazo. El aspecto tranquilizador de tomar los remedios queda invalidado por el riesgo de irritar el colon y de añadir una colitis crónica al estreñimiento.

Peligros del estreñimiento

A pesar de que el estreñimiento no represente una gravedad real, puede contribuir a la aparición de otras patologías más o menos graves. Entre las complicaciones agudas hay que prestar atención a la oclusión intestinal, un bloqueo del tránsito que requiere una visita de urgencia al médico. Por otra parte, el estreñimiento crónico contribuye a la aparición de divertículos (una especie de pliegues que se forman en la mucosa intestinal) y de hemorroides. Además, puede agravar el riesgo de padecer cáncer colorrectal (muy raro entre las poblaciones que consumen mucha fibra). El estancamiento del bolo alimenticio en el intestino puede también causar aumento de peso.

Principios de la prevención

Para vencer el estreñimiento es indispensable declararle una guerra sin cuartel y armarse de paciencia. Un estreñimiento de años no puede desaparecer en pocas semanas, por consiguiente, hay que ser constantes, aunque los resultados no lleguen tan deprisa como se desearía.

Hidratación

La mayor parte de las personas estreñidas no beben bastante, quizá porque piensan que no es muy importante. Sin embargo, es indispensable hidratar el bolo alimenticio: las heces saturadas de agua aumentan de volumen y estimulan los movimientos del intestino. Por consiguiente, se recomienda beber entre un litro y medio y dos litros de agua al día, por lo menos.

En la práctica, se repartirán las tomas de agua a lo largo del día, y se beberá de dos a tres vasos de agua durante la comida. Así, las fibras contenidas en los alimentos se saturarán de agua y estimularán todavía más el tránsito. Lo ideal es escoger un agua mineral rica en magnesio (del tipo Evian, Solán de Cabrás...), ya que este elemento favorece el buen funcionamiento del colon. Se pueden añadir tisanas, ya que algunas tienen virtudes laxantes (boldo, sena, malva, achicoria...). Por el contrario, hay que tener precaución con el té, ya sea verde o negro, cuyos taninos son astringentes y ralentizarán el tránsito. Es preferible substituirlo por infusiones. Por su parte, el café puede favorecer el reflejo de la defecación, por consiguiente se puede tomar una o dos tazas diarias. La hidratación del organismo depende también del agua contenida en los alimentos: habrá que dar preferencia a las hortalizas crudas, la fruta fresca y las sopas, que servirán para que en cada comida aumente la aportación de agua.

Moderación con el alcohol

De un modo general se ha de evitar el alcohol porque irrita los intestinos: es un tóxico de acción directa sobre la mucosa intestinal. Se tolera un vaso de buen vino biológico (para evitar los sulfitos) para acompañar las comidas, pero no tiene un interés particular (lo mismo que la cocina con vino que ha de ser algo muy puntual).

Normalizar las comidas

Para reeducar el intestino es importante hacer tres comidas diarias, sin olvidar el desayuno. Los alimentos, al llegar en masa al tubo digestivo, estimularán los procesos mecánicos y las secreciones gástricas. Por el contrario, hay que evitar picar entre horas, ya que esto impide que el aparato digestivo pueda descansar, haciendo que funcione de manera continuada aunque a bajo rendimiento. Le daremos protagonismo al desayuno: una buena comida después de una noche de ayuno estimula la digestión y, en especial, el peristaltismo del colon. Esto puede ser suficiente para restablecer la acción refleja de la defecación.

✋ EN LA PRÁCTICA

Empezaremos el día hidratando nuestro cuerpo, lo que despertará el aparato digestivo: al despertar se recomienda tomar un vaso grande de agua, un zumo de naranja, o incluso una limonada caliente. Prepararemos el desayuno con pan semintegral de cereales o con muesli, frutos secos y oleaginosos. La aportación de fibra se completará con un vaso grande de leche vegetal natural o fermentada (soja, almendras...). Para untar sobre el pan escogeremos una mermelada de higos o de ciruelas, mantequilla de cacahuetes o de sésamo. Añadiremos fruta fresca rica en fibra (kiwis, frutas rojas, peras, higos...) y completaremos con una infusión (*véase* páginas 30 y 70).

Organizaremos las otras dos comidas de manera tal que tengan el mismo volumen, sin sobrecargar la comida del mediodía. Un zumo de verduras lactofermentadas tomado al inicio de la comida estimulará el tránsito de manera muy efectiva. Dentro de lo posible deberemos intentar comer a horas fijas, sobre todo en el desayuno, para estimular de manera regular el aparato digestivo y restablecer un ritmo regular.

No hay que evitar las grasas

La recomendación de adoptar una alimentación sencilla para las personas que sufren de estreñimiento, no significa que se hayan de eliminar todas las grasas, ya que éstas desarrollan un papel de primera importancia en el funcionamiento del tránsito intestinal. Las grasas, al contrario de lo que se pueda suponer, no actúan como un lubricante, sino que estimulan la producción y evacuación de la bilis producida por el hígado y de las enzimas pancreáticas. Dicho de otro modo, las grasas «despiertan» el aparato digestivo.

Por otra parte, hay que evitar las grasas cocinadas (frituras, salsas, hojaldres...), y las comidas demasiado ricas en grasas, ya que éstas ralentizan la digestión. Los alimentos se cocinarán al vapor, a la plancha, en la olla a presión o al horno, con un chorrito de aceite. Hay que añadir sistemáticamente aceite o mantequilla a las verduras cocidas, a las crudités y a los cereales (por lo menos una cucharada sopera en cada comida).

Una verdura a la plancha (berenjena, calabacín...) y aliñada con aceite crudo después de cocinada es mejor que una verdura salteada con grasa. Naturalmente, se recomiendan los aceites vírgenes, ya que contienen sustancias vegetales que estimulan el tránsito (mucílagos, ácidos grasos libres, etc.).

Hay que aumentar la aportación de fibra

La fibra es la piedra angular de la lucha contra el estreñimiento, ya que no es asimilada por el aparato digestivo y llega al colon prácticamente intacta y saturada de agua. De esta manera se aumenta de modo natural el volumen de las evacuaciones y se facilita el trabajo del colon, que hace avanzar las materias de desecho «a empujones». Además, éstas son atacadas por las bacterias de la flora intestinal y mejoran su crecimiento y desarrollo. Hay distintos tipos de fibras en nuestros alimentos: la celulosa, que se encuentra en el salvado de trigo, es la más efectiva para luchar contra el estreñimiento. También las hemicelulosas y las pectinas, así como ciertos glúcidos (almidón, glúcidos presentes en las legumbres), tienen un efecto estabilizador sobre el tránsito y completan la acción de la celulosa.

¡Movámonos más!

El sedentarismo contribuye a agravar los problemas del estreñimiento. Es importante realizar una actividad física moderada pero regular, y fortalecer la musculatura del vientre. Un ejercicio fácil es la marcha rápida: es suficiente ir a comprar el pan andando, bajar en la estación de metro anterior, o evitar aparcar justo delante del lugar de trabajo. Una o dos veces por semana se completará la puesta en forma con una sesión de *jogging* de 30 a 45 minutos o con una hora de natación. De esta manera se estimulará la circulación general y desaparecerán los estancamientos intestinales.

Por otra parte, unos minutos de ejercicios abdominales cada día mejorarán rápidamente el tono del vientre y facilitarán la evacuación de las heces. El efecto positivo sobre el tránsito se dejará sentir muy pronto, posiblemente alguno ya haya hecho esta experiencia: después de una actividad deportiva (bicicleta, *jogging*, etc.), de manera muy natural sobrevienen las ganas de evacuar.

Falsos amigos

A veces se está dispuesto a todo para deshacerse del estreñimiento, pero hay que tener cuidado con ciertos productos que, a medio plazo, sólo agravan la situación. Los laxantes, sea cual sea su modo de acción, la mayor parte de las veces se vuelven ineficaces después de utilizarlos algunas semanas. Se pueden emplear puntualmente, en caso de un estreñimiento pasajero, pero han de ser evitados como tratamiento permanente. En cuanto al aceite de parafina, éste limita la absorción de las vitaminas liposolubles, y no se ha de utilizar nunca por períodos largos de tiempo. Los laxantes más naturales son los mucílagos (por ejemplo, ispagul, tamarindo), que se encuentran en forma de complementos alimentarios. Éstos son ricos en fibras blandas y no presentan ningún peligro.

Masaje del vientre

Las tensiones acumuladas pueden contribuir a bloquear el tránsito, sobre todo en los niños. Un masaje del vientre, relajante y agradable, puede resultar efectivo. Se masajea suavemente el vientre con un aceite estimulante, por ejemplo de rosa mosqueta, de limón, etc., en el sentido del tránsito (en el sentido de las agujas de un reloj «interno»).

Diez alimentos reguladores

1. Cereales integrales y semillas de plantas herbáceas: arroz, bulgur, quinoa, mijo, etc.

Éstos son la base de la estrategia antiestreñimiento. Los cereales integrales contienen entre tres y cuatro veces más fibra que los cereales refinados, y, por consiguiente, están directamente implicados en la prevención. Contienen sobre todo celulosa, una fibra que sale casi intacta después de recorrer el aparato digestivo. La celulosa saturada dc agua aumenta el volumen de las deposiciones y estimula los movimientos del intestino. Además, una parte del almidón de los cereales no se asimila y llega intacto hasta el colon, donde se comporta como la fibra, favoreciendo el desarrollo de la flora intestinal y estimulando el funcionamiento del colon.

Los granos enteros (mijo, quinoa, arroz) resisten ante los jugos gástricos mejor que los cereales triturados (bulgur, copos de cereales), que son un poco menos estimulantes. Pero hay que mantener un equilibrio entre los dos, ya que demasiados granos enteros pueden irritar la mucosa intestinal y provocar diarreas. En las pastas y las harinas integrales los cereales han sido molidos y, por consiguiente, son menos agresivos para el intestino. Por otra parte, para aprovechar los beneficios de los cereales integrales es indispensable que sean de agricultura biológica, ya que los pesticidas están concentrados en la envoltura externa de los granos.

EN LA PRÁCTICA

• Escoger pan integral, semintegral, o pan con cereales y semillas enteras (lino, girasol, etc.).

- En cada comida comer arroz integral, quinoa, bulgur (unas tres cucharadas).
- Utilizar harina integral para las tartas y la repostería casera.
- Limitar al máximo el uso de la maicena, de la fécula de patatas, o de los biscotes (aunque sean enriquecidos con salvado), porque favorecen el estreñimiento.

◉ ES BUENO SABER

Para soportar bien la fibra de los cereales hay que acostumbrar el colon de manera progresiva. Se evitará la hinchazón del vientre si se empieza comiendo día sí día no, y luego todos los días en cantidad moderada (de dos a tres cucharadas soperas al día).

2. Miso, gomasio, aderezos

Se trata de despertar un aparato digestivo demasiado perezoso, por consiguiente, no hay que dudar en animar nuestros platos. Siempre que sea posible, utilizaremos los condimentos que aporten fibra o sustancias vegetales estimulantes.

El miso, a base de soja fermentada, es un plus, ya que contiene fibras y glúcidos especialmente susceptibles de fermentación. El gomasio, gracias a las semillas de sésamo, aporta celulosa y un complemento de lípidos que también ayudan a estimular la digestión. No hay que olvidar tampoco las hierbas frescas, como el perejil, la cebolleta, el eneldo, etc., y, sobre todo, las verduras aromáticas como la cebolla, el ajo, el chalote, etc., muy ricos en fibras. En un cuadro de estreñimiento, son mucho más aconsejables que los caldos deshidratados y las preparaciones aromáticas en puré. Por otra parte, las especias fuertes, como la guindilla, la pimienta, la mostaza, el jengibre, etc., contienen sustancias estimulantes y actúan sobre todo sobre el aparato digestivo. Por tanto, si gustan se pueden utilizar con abundancia.

• Aderezar las crudités, las verduras cocidas y los cereales con perejil, cilantro, perifollo, etc.

• Escoger hierbas crudas y cortarlas de manera tosca (no hacer puré de ellas con una batidora).

• Buscar las fibras en todas partes: una pizca de gomasio aporta unos gramos de fibra, y es mejor que la sal clásica, que no la contiene.

• Utilizar especias enteras (no reducidas en polvo), como el comino, el azafrán, el cardamomo, que son más estimulantes para el tránsito.

👁 **ES BUENO SABER**

Si padecemos de hemorroides habremos de olvidarnos de la guindilla y de las especias fuertes, pero podremos sazonar nuestros platos con gomasio, miso, hierbas frescas, ajo y cebolla dulce (cebolla nueva o morada). El curry dulce, la nuez moscada o el comino no tienen contraindicaciones.

3. Miel y otros *azúcares* alternativos (miel, malta, frutos secos...)

Al azúcar refinado, totalmente purificado, le han quitado todas las fibras beneficiosas para el tránsito. Se asimila totalmente y, por tanto, no deja ningún residuo en el colon. Para luchar contra el estreñimiento habrá que decantarse por los sustitutos naturales, que no reducen el tránsito. La miel no contiene fibras, pero sí sustancias vegetales que estimulan la movilidad intestinal. La presencia de ácidos orgánicos, de enzimas y de residuos de esencias vegetales explicaría sus virtudes digestivas estimulantes, conocidas desde siempre. Se preferirá la miel de romero o la de acacia, por sus virtudes reguladoras.

El sirope de arce no es mucho mejor que el azúcar refinado: contiene algunos minerales más, pero no es un producto «vivo» como la miel.

La malta, obtenida de germinados torrefactos, es ligeramente laxante a causa de su concentración de fibras y magnesio. Endulza menos que el azúcar blanco, pero da más sabor. Es ideal para el yogur, el queso blanco, las *crepes*, etc. Las frutas secas (albaricoques, ciruelas, uva, etc.) se integran fácilmente con el muesli, la repostería casera (pasteles, tartas...), los dulces de cocina, como flanes, tartas con fruta, etc., y las compotas de fruta fresca. Todas las frutas secas son fuentes muy buenas de fibra (un promedio del 7% al 15%) y su concentración de azúcares naturales permite endulzar fácilmente los postres o los platos azucarados salados.

Finalmente, si se desea tomar azúcar, se hará en cantidades moderadas (un máximo de dos a tres cucharaditas de café al día), y se escogerán azúcares morenos poco refinados (cuanto más oscuros mejor), o melaza, que es la que contiene la mayor variedad de minerales. Por otra parte, desconfiaremos de los azúcares refinados ocultos (tartas y compotas industriales), que nos van a desequilibrar las cantidades consumidas. Se escogerá preferentemente tartas y pasteles de fabricación casera, con miel y frutas secas.

✋ EN LA PRÁCTICA

- Endulzaremos con miel o malta, o añadiendo frutas secas.
- Cortaremos las frutas secas en daditos para desarrollar su capacidad endulzante.
- Evitaremos las tartas industriales que contienen azúcar refinado, y preferiremos los panes de especias con miel o las tartas endulzadas con sirope o con pulpa de fruta (leer las etiquetas).

4. Garbanzos y otras legumbres

Las legumbres tienen dos modos de acción. Por un lado, sus fibras se impregnan de agua y aumentan el volumen de las heces, por el otro, contienen ciertos glúcidos poco digeribles que llegan intactos al colon y provocan fermentaciones que estimulan los movimientos peristálticos del intestino. Se trata, pues, de unos verdaderos aliados contra el estreñimiento, que habrían de formar parte de nuestra dieta por lo menos cada dos días en cantidades razonables (de dos a tres cucharadas soperas). Los garbanzos son una buena fuente de fibra (alrededor del 7 %), y contienen glúcidos fermentables que ayudan al desarrollo de la flora intestinal. Son más útiles comidos enteros con su «piel», en lugar de los copos, porque en este caso la envoltura ha sido eliminada o triturada. Las judías rojas son las más ricas en fibra, pero no siempre se soportan bien, ya que producen hinchazón del vientre y flatulencias. Son preferibles las judías blancas pequeñas o las verdes (habichuelas finas, judías blancas, etc.) que contienen menos glúcidos fermentables y tienen un efecto beneficioso para el tránsito.

Las lentejas en general son bien toleradas, gracias a su película externa más fina. Los guisantes majados, lo mismo que las lentejas rojas, están libres de su envoltura y, por consiguiente, no son irritantes. Las habas de soja, negras o amarillas, que se pueden añadir a las preparaciones de arroz o de verduras, son también un complemento ideal, ya que son ricas en fibra y en lípidos, que estimulan el tránsito.

✋ EN LA PRÁCTICA

- Si es posible, consumiremos legumbres una vez al día.
- Alternaremos las legumbres más estimulantes (como las judías) y las más suaves (lentejas, guisantes majados, copos), para evitar la irritación del colon. Si las combinamos en pequeñas cantidades con verduras frescas y otras feculentas en las sopas, en las ensaladas compuestas, y en los platos elaborados con cereales, sus efectos serán menos agresivos y más regulares.

👁 ES BUENO SABER

Si las germinamos las legumbres serán más digeribles, ya que contendrán menos glúcidos fermentables. A pesar de ello seguirán teniendo un efecto importante en la aceleración de la velocidad del tránsito.

5. La fruta rica en fibra

También la fruta tiene un efecto regulador. Algunos tipos de fruta son una buena fuente de fibra y, por otra parte, contienen sustancias vegetales naturales que estimulan el tránsito. Su aportación de agua mejora la hidratación del contenido intestinal, aumentando así el volumen de las heces.

Las frutas más beneficiosas por su alto contenido en fibra son: los kiwis, las frambuesas, los higos, la fruta de la pasión, la uva. Las semillas que contienen superan inalteradas el ataque de los jugos gástricos y estimulan el tránsito en todo el recorrido hasta el recto. Sin embargo, en el caso de que haya divertículos hay que evitar comer estas frutas, ya que las semillas podrían atascarse en los pliegues de la mucosa y provocar irritaciones.

Los cítricos estimulan el tránsito debido ciertamente a su riqueza en ácidos orgánicos que «despiertan» el tubo digestivo. Este efecto es considerable incluso si se toman en forma de zumo. Las frutas rojas, como las grosellas y las frambuesas, son especialmente ricas en fibra por su piel y sus semillas, y son laxantes si se comen enteras, mientras que este efecto desaparece cuando se extrae el zumo o se preparan jaleas. Las ciruelas y las peras, además de la fibra, contienen también difenilisatina y sorbitol, que estimulan el tránsito. Esta misma virtud se encuentra en las ciruelas y las peras secadas. Puesto que la fibra de las frutas está concentrada en la piel, se aconseja comerla cuando ésta sea comestible. En el caso de la cocción, las fibras se vuelven tiernas y son menos efectivas para luchar contra el estreñimiento.

✋ EN LA PRÁCTICA

- Comer tres frutas frescas al día, preferiblemente crudas y con la piel (escoger fruta de cultivo biológico);
- Iniciar el día con un vaso de zumo de cítricos o de manzana (que también es rica en sorbitol);
- Si la fruta se come cocida (compota, fruta cocinada con sirope, etc.), será bueno añadirle fruta seca para aumentar la aportación de fibras, como ciruelas, higos, dátiles, etc.

Sólo las mermeladas de ciruelas, higos y frutas rojas enteras son efectivas contra el estreñimiento. Las demás mermeladas, ricas en azúcares y pobres en fibra, carecen de interés para nuestros propósitos.

6. La col, el chucrut o col fermentada, y las verduras ricas en fibra, como los puerros, y otras

Las verduras contienen sobre todo fibras suaves (pectinas, hemicelulosa), que van a completar la acción de la celulosa de los cereales. También captan el agua y aumentan el volumen del bolo alimenticio, pero son metabolizadas en el colon por la acción de las bacterias digestivas. Dejan menos residuos que la celulosa, pero favorecen el equilibrio de la flora intestinal, un factor que aumenta la velocidad del tránsito intestinal. La col es interesante por su aportación en fibras, pero también por su concentración de azufre, un antiséptico natural que reequilibra la flora intestinal. Comida bajo forma de chucrut es todavía más digerible, y la presencia del ácido láctico y de las enzimas acelera los procesos digestivos. Por consiguiente, se recomienda consumir el chucrut en crudo al principio de la comida, para aprovechar sus beneficios.

Podemos introducir de manera regular en nuestros menús otras hortalizas ricas en fibras, tales como el hinojo, el puerro, la escorzonera o salsifí, el apio nabo, los guisantes, el maíz dulce, la aguaturma. Por otra parte, el pimiento y el tomate, cuya fina piel es rica en celulosa, estimulan el tránsito tanto crudos como cocidos.

✋ EN LA PRÁCTICA

• Comeremos crudités en cada comida (col lombarda, tomate, apio, etc.).
• Esto se hará de manera regular, ya que son más estimulantes porque sus fibras no se han reblandecido con la cocción.

- Acompañaremos los cereales y las legumbres con hortalizas cocidas para equilibrar la aportación de fibras (celulosa y pectinas).
- Aumentaremos el contenido de fibras en pasteles, tortillas y tartas saladas, añadiendo cebollas, pimientos a trocitos, tomates cereza, etc.

ES BUENO SABER

El modo de cocción de las verduras (al vapor, en agua, a fuego lento, etc.) no modifica la concentración o la calidad de las fibras vegetales.

7. El agua

La hidratación del bolo alimenticio es un punto que las personas estreñidas demasiado a menudo descuidan. No sirve aumentar de manera exagerada la aportación de agua, pero hay que corregir las aportaciones demasiado escasas. Beberemos por lo menos un litro y medio de líquido repartido a lo largo del día. En cada comida (desayuno, comida y cena) beberemos dos vasos de agua, aproximadamente 300 ml, ya que la hidratación de los alimentos permitirá que éstos conserven su volumen y así estimularán el tubo digestivo. Completaremos con dos vasos de agua entre las comidas, y una taza de infusión para completar las necesidades diarias.

Escogeremos un agua con un elevado contenido de magnesio (del tipo Vittel, Hépar, Contrex, en Francia; en España el agua de Carabaña, agua de Cestona...), un elemento que aumenta la velocidad del tránsito y mejora la tonicidad de los músculos intestinales. Sin embargo, estas aguas con un contenido mineral tan elevado deberán alternarse con aguas más ligeras (agua del grifo, agua de manantial). Se pueden utilizar como una mini cura, por ejemplo a semanas alternas. Si tenemos dificultad para beber agua natural, podremos tomar caldos caseros (no demasiado salados), infusiones (*véase* más adelante una selección de plantas), o añadir un chorrito de zumo de limón en cada vaso de agua.

Evitaremos los siropes, demasiado ricos en azúcares, y los tés, cuyos taninos astringentes tienden a ralentizar el tránsito.

• Beber antes de sentir sed: las personas estreñidas no deberán nunca estar deshidratadas.
• Hacer curas de agua rica en magnesio, alternando el tipo de agua para evitar que el cuerpo se acostumbre.
• Tomar bebidas calientes (caldos, infusiones) que permiten beber de una sola vez entre 250 y 350 ml de agua.

👁 ES BUENO SABER

Beber durante todo el día es un acto reflejo que hemos de reprogramar, si somos de aquellas personas que nunca tienen sed. Colocaremos una botella de agua sobre nuestra mesa de trabajo, o en un lugar de paso si estamos en casa. Al principio lo haremos con botellas de medio litro, para no desanimarnos. Poco a poco volverá restablecerse el acto reflejo de beber y progresivamente volveremos a sentir la sensación de sed.

8. Los purés de semillas oleaginosas: no hay que olvidar las grasas

Los purés de sésamo, de almendras o de cacahuetes son buenas fuentes de fibras, sobre todo de celulosa. Por otra parte equilibran el tránsito gracias a su aportación de grasas, al estimular la vesícula y el páncreas. Estos purés son una fuente de ácidos grasos insaturados, y aportan además minerales, entre ellos el magnesio en cantidades elevadas. Éste tiene un papel importante en las contracciones musculares, concretamente las del colon.

También las semillas oleaginosas que comemos enteras son interesantes: las avellanas, los piñones, las nueces de Brasil, etc. Todas tienen un contenido elevado de fibras (un promedio del 8%) y tienen efecto laxante. Las podemos añadir a las ensaladas, a los platos de pasta (piñones, nueces), al arroz (anacardos, cacahuetes), los pasteles (avellanas), las compotas (almendras), etc. La nuez de coco rallada tiene las mismas virtudes: con su 17% de fibra enriquece fácilmente los bizcochos, los flanes, las *crepes*, etc.

Sazonaremos nuestros platos con aceites vírgenes, que ayudarán a mantener el equilibrio del tránsito. Desde hace mucho se reconocen las virtudes ligeramente laxantes del aceite de oliva, pero se puede alternar con aceite de girasol, de nuez, de colza...

✋ EN LA PRÁCTICA

• En lugar de mantequilla extenderemos el puré de almendras, de avellanas o de cacahuetes sobre rebanadas de pan para aumentar la ingesta de fibras.
• Consumiremos regularmente puré de sésamo (*tahini*) con las *crudités*. Escogeremos aceites vírgenes y tomaremos por lo menos una cucharada sopera en cada comida.

👁 ES BUENO SABER

El consumir demasiadas grasas cocinadas ralentiza la digestión, mientras que por el contrario, un chorrito de aceite virgen y zumo de limón, añadidos después de la cocción, estimularán las funciones digestivas.

9. Las infusiones estimulantes

Hay muchas plantas que estimulan las funciones digestivas y aceleran el tránsito. Tomadas en forma de infusión aumentan las aportaciones de agua a lo largo del día. Será bueno probar varias de ellas, ya que su efectividad es muy individual, y variar a menudo para evitar que el cuerpo se acostumbre a una. Lo ideal sería tomar dos tazas diarias (mañana y tarde) de manera regular. No hay que aumentar las dosis o beber más de lo aconsejado, ya que algunas plantas tienen un efecto laxante que puede ser irritante.

Se pueden asociar distintas plantas laxantes y mezclarlas con tila, flor de azahar, o verbena, para disimular el sabor que a veces es amargo. Se puede probar, por ejemplo, con hojas de grosellero negro, de malva, de melisa, de menta piperita, de salvia, la raíz de achicoria, el regaliz, semillas de anís verde, de hinojo, boldo en polvo y extracto de sen. Calcúlese una buena pulgarada por taza y dejar reposar de 5 a 7 minutos. Se le añadirá una cucharada de una miel estimulante (por ejemplo de romero).

✋ EN LA PRÁCTICA

•   Se variarán las tisanas y se diversificarán las mezclas para estimular el tubo digestivo de manera regular con nuevas plantas.
•   Se tomarán dos tazas de tisana al día, no más, ya que se podría provocar una diarrea.
•   Se alternarán las mezclas del comercio con las mezclas caseras, para poder jugar con las proporciones de las distintas plantas.

👁 ES BUENO SABER

Para cambiar, se tomará la tisana fría. Será suficiente colocarla en la nevera una vez esté tibia. Filtrar al momento de servir.

10. Los complementos alimentarios: salvado de trigo, germen de trigo, algas, probióticos...

Habrá que añadir regularmente a nuestros platos complementos alimentarios llenos de fibra y ricos en minerales y vitaminas. El salvado de trigo (que habrá de ser siempre biológico) contiene una proporción elevada de celulosa (70 %), que estimula el tránsito intestinal. Su uso regular previene las hemorroides y los divertículos del colon. Se puede espolvorear sobre las ensaladas, los productos lácteos, las verduras y añadirlo a los pasteles o a las sopas. Se irá introduciendo de manera progresiva a razón de dos cucharadas soperas diarias de salvado en un período de diez a quince días. Utilizado en exceso, puede producir hinchazón del vientre e irritación de la mucosa digestiva, por consiguiente se empezará con pequeñas cantidades para conocer nuestra tolerancia al mismo.

El germen de trigo es mucho menos agresivo para la mucosa digestiva y contiene menos fibra (un 10 %), pero es un complemento interesante por su riqueza en vitaminas, minerales y ácidos grasos insaturados.

Las algas deshidratadas, que habrá que hidratar antes de utilizarlas, contienen sobre todo mucílagos (fibras dulces que fermentan en el colon). Su función es la de «alimentar» las bacterias de la flora intestinal y de garantizar su desarrollo y su equilibrio. Se pueden consumir con regularidad varias veces a la semana, junto con los cereales y las verduras o en las sopas. También el agar-agar es un producto interesante. Se extrae de algas rojas, contiene mucílagos que tienen la capacidad de saturarse de agua (parecido a lo que hacen las fibras vegetales) y tienen un efecto emoliente. El agar-agar es efectivo contra la hinchazón del vientre y resulta muy valioso para luchar suavemente contra el estreñimiento. Aumenta el volumen de la masa fecal y equilibra la flora intestinal, favoreciendo de esta manera un tránsito más regular.

Los fermentos lácticos (en bolsitas o en frascos) ayudan a mejorar el estreñimiento causado por un desequilibrio de la flora intestinal. No actúan directamente acelerando el tránsito y no tienen el efecto de la fibra. Pero la flora intestinal se regenerará y podrá llevar a cabo con más eficacia su tarea de fermentación de los residuos alimentarios, estimulando así de manera indirecta los movimientos del colon.

☝ EN LA PRÁCTICA

• Añadir a los platos entre una y dos cucharadas de salvado de trigo según la tolerancia.

• Completar su acción con algas, germen de trigo, etc., cambiando con cierta frecuencia para que el intestino no se habitúe a estos estimulantes naturales.

👁 ES BUENO SABER

Escoger un salvado bastante grueso (nunca en polvo fino) para una mayor efectividad.

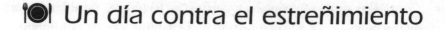 Un día contra el estreñimiento

Desayuno

- 1 limonada caliente con miel
- 1 rebanada de pan de cereales con mermelada de higos
- 1 tazón de muesli con leche de soja y 2 ciruelas
- ½ pomelo

Comida

- 1 plato de crudités con aceite virgen
- 2 huevos o tofu
- Quinoa y col cortada a tiras
- Postre de soja
- Macedonia de frutas frescas y avellanas trituradas
- Pan integral
- Tisana estimulante

Cena

- Sopa de tomates y fabas verdinas
- Ensalada compuesta (maíz, hinojo, apio, pepino...), con aceite virgen
- Queso
- Compota de peras y ruibarbo
- Pan con semillas de girasol
- Tisana estimulante

RECETAS ANTIESTREÑIMIENTO

Salsas y condimentos

▶ Mayonesa sin huevo con puré de almendras

- 4 cucharadas soperas de aceite de cártamo
- 1 cucharada sopera de puré de almendras
- 1 cucharadita de café de mostaza
- 1 cucharada sopera de zumo de limón
- Sal

Desleír el puré de almendras con la sal, el zumo de limón y la mostaza. Añadir el aceite muy lentamente mientras se da vueltas al compuesto.

▶ Mayonesa verde

Picar finamente algunas hojas de espinacas y extraer el jugo con la ayuda de un tamiz. Será suficiente una cucharadita.

▶ Mayonesa roja

Añadir una cucharadita de zumo de remolacha, fresco o lactofermentado. Nota: se puede omitir la mostaza.

▶ Besamel con aceite de oliva

- 4 cucharadas soperas de harina semintegral
- 2 cucharadas soperas de aceite de sésamo o de oliva
- ½ l de agua o de caldo de verduras

35

En el aceite caliente se echa la harina para que adquiera color. Se echa en un recipiente y se deja enfriar. Desleír esta harina tostada en medio litro de agua fría, o, todavía mejor, en caldo de hervir verduras. Calentar al fuego y dejar cocer entre tres y cuatro minutos removiendo siempre. Añadir sal al gusto.

👄 **VARIANTES GOLOSAS**

Añadir una cucharada sopera de margarina o de ghee, o también de crema fresca de soja, aromas, cáscara de limón.

No tostar la harina. Mezclarla en frío con tres cucharadas soperas de aceite de oliva o de sésamo y una cucharada sopera pequeña de zumaque (Rhus glabra) y dejar cocer como en el caso anterior: esto dará como resultado una crema roja acidulada.

▶ Besamel con puré de almendras

Se procederá como para la besamel con harina tostada. Un poco antes de terminar la cocción se añadirán dos cucharadas soperas de puré de almendras semintegrales o blancas, sal y la cáscara de un limón o de una naranja rallada finamente, o un buen puñado de hierbas frescas picadas.

▶ Salsa de tahini y limón
- 2 cucharadas soperas de tahini blanco o semintegral
- 2 dientes de ajo
- El zumo de ½ limón
- Sal

Agitar bien el pote de tahini, coger dos cucharadas soperas y colocarlas en un cuenco. Añadir el zumo de limón, la sal y el ajo triturado muy fino. Mezclar bien este puré espeso. Añadir a continuación agua poco a poco hasta conseguir la consistencia deseada: más densa para bastoncillos de crudités, más líquida para añadirla a las remolachas rojas u otras verduras.

Se añade abundante perejil normal picado fino y se utiliza como puré denso para aliñar las verduras al vapor o los cereales.

En caso de colitis o de vientre hinchado, se eliminará el ajo... y la salsa seguirá siendo igual de buena.

▶ Salsa de tahini con chalotes

Se diluye el tahini con agua y vinagre de sidra, se añade sal y chalotes cortados muy finos. Los chalotes son más digeribles que las cebollas. En este caso se pueden sustituir por cebollas tiernas con su parte verde.

▶ Gomasio casero

- 12 partes de sésamo integral
- 1 parte de sal marina gris fina

Se tuesta el sésamo en seco removiendo continuamente. Se sabe cuando las semillas están hechas porque se aplastan con facilidad con dos dedos y en la boca tienen un sabor a tostado y han perdido el gusto de semilla cruda. Por ello es necesario probar las semillas varias veces durante la operación de tueste (entre 10 y 15 minutos). Entonces, se apaga el fuego y se pasa el sésamo rápidamente a un recipiente frío, ya que las semillas, una vez han alcanzado su punto, se quemarán muy deprisa y se volverán amargas. En el mismo recipiente se pone a tostar la sal durante unos

2-3 minutos, para quitarle la humedad. Se mezcla la sal con el sésamo. Se machaca la mezcla en un *suribachi* (mortero japonés de barro estriado), de tal manera que las semillas machacadas envuelvan la sal sin quedar del todo reducidas a polvo. Para ir más deprisa se puede utilizar una batidora o un molinillo de café. Se guardará el gomasio en un tarro de vidrio bien cerrado. No hay que preparar grandes cantidades cada vez, ya que puede enranciarse (dura de 8 a 10 días) y, en todo caso, pierde su vitalidad. Se puede encontrar gomasio ya preparado en las tiendas de productos biológicos. También se puede comprar sésamo ya tostado.

En el plato

1. Como aderezo en lugar de sal se espolvoreará sobre los cereales, las verduras al vapor y las crudités.
2. Para los niños se hará un gomasio más suave, poniendo nueve partes de sésamo por una parte de sal.
3. Como una deliciosa merienda salada: una rebanada de pan con margarina espolvoreada con gomasio.

Comentario

Aconsejo enérgicamente tomar el tiempo necesario para preparar el gomasio en casa en un suribachi. ¡Es tan agradable envolverse unos minutos en el buen olor de la semilla tostada! Nuestra energía para centrarnos girando a mano el mortero, así como el placer que sintamos darán un sabor todavía mejor, y mucha más fuerza, al gomasio.

Sopas

▶ Sopas de «miso»

Son rápidas, fáciles y digeribles y se pueden variar de infinitas maneras.
Es una solución para hidratarse en cada comida. El miso es un producto
de fermentación láctica que contiene elementos vivos, por consiguiente,
hay que evitar cocerlo: se añade siempre fuera del fuego y se deja reposar
unos minutos. Sin embargo, en invierno se puede dejar hervir suavemente la sopa durante dos minutos. En otoño e invierno se utilizarán de
preferencia verduras de raíz, y en primavera y verano se preferirán verduras de hoja. El miso de soja se preferirá para el invierno, el de cebada
para el verano, y el de arroz en cualquier estación.

La receta base

Se calienta el agua. Se cortan las verduras en trozos pequeños, en rodajas, en láminas, en bastoncillos, en dados. Se echan en el agua hirviendo
y se dejan cocer suavemente entre 2 y 6 minutos, según la densidad de la
verdura. Se coge un poco de su caldo para diluir el miso (la cantidad de
éste será al gusto de los comensales, pero habrá que ir con cuidado pues
el miso es salado). Se echará el miso diluido en la sopa, se mezclará, se
apagará el fuego y se dejará reposar unos minutos, el tiempo suficiente
para que los sabores se mezclen. Se tomará al principio de la comida en
pequeñas cantidades. Si gusta se podrá añadir en los platos: jengibre
rallado, hierbas frescas aromáticas, un poco de aceite, unas rodajas de
puerros o de cebollas nuevas, cebollitas tiernas o cebolletas.

- Miso y perejil: muy tonificante y perfumado.
- Miso y nabos: un modo muy agradable de comer los nabos.
- Miso, nabo blanco y puerro.
- Miso, hojas de rábano y hojas de zanahoria.
- Miso con tres raíces: bastoncillos de rábano negro (picante), nabo (neutro), chirivía (aromática y dulce). Sin dejar de lado todas las combinaciones posibles con algas, tofu, etc.

▶ Sopa china acidulada

- 4 a 5 setas negras secas
- 2 setas secas aromáticas o shitake
- 200 g de tofu
- 2 cebollas nuevas pequeñas
- 2 a 3 cucharadas soperas de tamari
- 1 cucharada sopera de jengibre fresco rallado
- 1 huevo
- 1 cucharada sopera de aceite de sésamo
- Vinagre de arroz
- 2 cucharadas soperas de arruruz
- Una pizca de azúcar

Se dejarán en remojo los dos tipos de setas por separado en agua tibia durante 15 minutos, o más si se tiene tiempo. Se escurren. Se guarda el agua del remojo de las setas aromáticas, y se tira la de las setas negras. Se eliminan los pies fibrosos y se cortan en láminas. Se corta el tofu en bastoncillos de medio centímetro por dos. Se cortan las cebollas en rodajas. Se calienta un litro de agua y se echan las setas, el agua del remojo de las setas aromáticas, el tofu, y la mitad de las cebollas. Se añade el tamari, el vinagre, la sal, una pizca de azúcar, y se le da un hervor.

Se deslíe el arruruz con un poco de caldo (si no hay arruruz se utilizará una cucharada de maicena). Se vierte en la sopa y se mezcla durante unos minutos a fuego muy suave para que el arruruz espese, luego se le da un hervor ligero. Se rompe un huevo en un cuenco, se bate enérgicamente y se vierte en la sopa que está hirviendo. Se espera unos segundos para que el huevo cuaje, luego se bate con unas varillas o con dos tenedores para conseguir unos filamentos irregulares. Se saca la cacerola del fuego, se echa un poco de aceite de sésamo y se mezcla. Se sirve en cuencos individuales con jengibre rallado en el último momento y algunas rodajas de cebolla.

Comentario

Esta sopa ayuda a entrar en calor y es muy nutritiva. Acompañada de una porción de arroz hervido es una comida completa.

☞ VARIANTES GOLOSAS

Poner puerro, con sus partes verdes y blancas, o también chalote en lugar de las cebollas nuevas. Cilantro y ajo tostado además de o en lugar del jengibre. Tallarines de arroz en lugar de o además del tofu. Sin setas, con dados de tomate pelado y sin semillas, dos huevos en lugar de uno para darle más consistencia. Esta variante sería para la estación del verano.

❦ CONSEJOS SALUD

Las setas (champiñones o asiáticas) se aconsejan para las personas con el intestino sensible, ya que aportan fibras no irritantes que estimulan el tránsito. Esta sopa, hecha con verduras troceadas, tiene un efecto fibra mayor que cuando las verduras están trituradas.

En el caso de colitis o de vientre hinchado, se suprimirá la cebolla o se sustituirá por cebolletas, zanahorias, nabos, solos o todos juntos.

▶ Sopa libanesa con lentejas coral y hojas de acelga

- 1 taza de lentejas coral
- Un buen puñado de acelgas (la parte verde)

- 3 o 4 dientes de ajo
- 1 limón muy jugoso
- 1 cucharadita de café de comino en polvo
- 1 cucharada sopera de aceite de oliva

Se ponen las lentejas en una cacerola y se cubren con agua fría, remueve enseguida porque tienen tendencia a pegarse al fondo. Suavemente se aumenta la temperatura de cocción con la cacerola destapada. Cuidado, porque es fácil que rebose. En cuanto empieza a hervir se reduce el fuego y se deja hervir con la cacerola semitapada, y con el fuego muy bajo. Las lentejas estarán cocidas cuando estén reducidas a puré. Se separa la parte verde de las hojas de acelga, se cortan en tiras y éstas en cuadraditos. Se calienta el aceite en una sartén, se echan las acelgas, y medio vaso de agua, se espera 3 minutos y luego se apaga el fuego. Se deja la cacerola tapada. Se pelan los ajos, se reducen en puré y se saltean en una sartén con aceite bien caliente. Cuando empiezan a coger un color tostado se echan sobre las lentejas. Se mezclan las lentejas con las acelgas. Se echa el comino. Se añade sal. Justo antes de servir se añade el zumo de limón.

Comentario

El limón ligará las lentejas con las acelgas y dará el verdadero sabor libanés. Habrá que experimentar para encontrar el sabor que nos convenga.

♟ CONSEJO SALUD

Las lentejas coral son de las más digeribles y las que se cuecen más deprisa. En esta receta, el verde de las acelgas, el comino y el limón las hacen todavía más ligeras.

▶ Crema de col rizada

- 1 col rizada mediana
- 1 cucharada sopera pequeña de aceite

- 2 cucharadas soperas de kuzú
- 2 cucharadas soperas de tamari
- ½ cucharadita de café de comino en polvo

Se separan las hojas de la col, se lavan, se corta dos centímetros de tallo si está duro. Se cortan finas. Se saltean brevemente en el aceite caliente, se tapan y se dejan estofar hasta que estén tiernas. Se sazonan con tamari y comino. En ¼ de litro de agua fría se disuelven dos cucharadas soperas de kuzú. Se coloca sobre el fuego y se remueve continuamente hasta que espese (*véase* la preparación del kuzú en la página 127). Se vierte sobre la col y se deja cocer a fuego bajo cinco minutos más.

Comentario

El kuzú (*véase* la página 195) y el tamari se usan para facilitar la digestión de la col. Se puede sustituir el kuzú por arruruz.

▶ Sopa de albaricoques

- 400 g de orejones de albaricoque
- 100 g de nueces o de almendras trituradas
- 2 cucharadas soperas de salsa de tomate
- 1 cebolla mediana
- 50 g de azúcar
- 1 cucharadita de café de cilantro
- La punta de un cuchillo de chile seco y molido
- Pimienta negra molida
- Aceite

Poner en remojo los orejones en agua caliente durante una media hora. Rebanar la cebolla y hacerla dorar en el aceite. Cubrir con agua, añadir los orejones, la sal, la punta de un cuchillo de chile molido, la pimienta y el cilantro en polvo. Dejar cocer a fuego bajo hasta que los orejones estén completamente cocidos. Añadir el azúcar, la salsa de tomate, las nueces o las almendras trituradas. Si es necesario, se añadirá un poco más de agua y se hace hervir unos minutos. Se sirve con pan integral tostado.

👄 CONSEJO SALUD

El chile es muy aromático y muy fuerte. Se utilizará con precaución, ajustando la cantidad al propio gusto.

Primeros platos y ensaladas

▶ Ensalada de chucrut sin vinagreta

- 1 remolacha cocida
- 3 patatas cocidas
- 2 zanahorias cocidas
- 1 cebolla
- 100 g de chucrut crudo al natural

Cortar las verduras en daditos o en rodajas finas. Mezclarlas con el chucrut crudo, preferiblemente con una media hora de antelación para que las verduras tengan tiempo de impregnarse de la sal y de la acidez del chucrut.

Comentario

Es una manera agradable de comer las verduras de fermentación láctica que, en este caso, sirven de aderezo. Son posibles otras mezclas.

🗣 CONSEJO SALUD

En el caso de colitis, se suprimirá la cebolla.

▶ Calabacín con yogur

- 4 calabacines pequeños verdes y amarillos
- 1 yogur de oveja
- 1 cebolla blanca nueva

- 6 a 8 hojitas de menta
- 2 cucharadas soperas de aceite de oliva

Escoger unos calabacines pequeños y firmes, si es posible la mitad verdes y la mitad amarillos. Cortarlos en bastoncillos de medio centímetro de ancho. Salar ligeramente. Se corta la cebolla muy fina, incluyendo la parte verde, si hay. Picar finamente la menta. Mezclar la menta y la cebolla con el yogur. Salar.

En el plato

Disponer un montoncito de calabacín, cubrir con una cucharada de salsa de yogur, y rociar con un poco de aceite de oliva. Naturalmente se puede mezclar todo, pero servido de esta manera la vista disfruta de los delicados tonos pastel que se perciben con cada cucharada.

▶ Ensalada de col lombarda

- 1 col lombarda pequeña
- 1 manzana
- ½ limón
- 1 ciruela umeboshi
- 2 cucharadas soperas de aceite de girasol

Rallar o cortar a tiras finas la col, dejando de lado la parte dura de la base. Pelar la manzana, vaciarla y cortarla en láminas finas. Mezclar con la col. Preparar la vinagreta con una ciruela umeboshi machacada (o con media cucharadita de café de puré de umeboshi), el zumo de medio limón bien maduro, y el aceite. Añadir a la ensalada y dejar reposar unos minutos antes de servir.

👄 VARIANTE GOLOSA

Preparar una vinagreta con garam-masala para una versión picante, o con alcaravea en polvo para una versión más aromática. Sustituir la manzana por la calabaza «butternut» o la «potimarrón», cruda y cortada igualmente en láminas finas (3 mm).

▶ Mantequilla de algas

- 25 g de algas variadas en copos
- 1 o 2 chalotes pequeños
- 1 cucharada sopera de alcaparras
- 100 g de harina de soja precocida
- 50 g de margarina vegetal
- 3 zanahorias pequeñas
- Un puñado pequeño de semillas de girasol pregerminadas
- Zumo de ½ limón
- Sal

Se ponen las semillas de girasol en remojo el día anterior o por lo menos dos horas antes de necesitarlas. Se tira el agua del remojo y se escurren. Se remojan las algas durante 10 minutos en un poco de agua, lo suficiente para que se hidraten. Escurrir bien si queda algo de agua. Cortar a trozos los chalotes, rayar finamente las zanahorias. Trabajar todos los ingredientes en la batidora el tiempo suficiente para obtener una crema untuosa, como una margarina.

En el plato

Se sirve esta mantequilla como primero untada en tostadas de pan y acompañando una ensalada. También se puede añadir una cucharadita de mantequilla a los cereales calientes.

▶ Hummus con garbanzos germinados

- 3 tazas de garbanzos germinados
- 3 cucharadas soperas de puré de sésamo blanco
- 3 cucharadas soperas de zumo de limón
- 2 dientes de ajo (opcional)

- 1 cucharada sopera de algas variadas en copos
- 1 cucharada sopera de tamari
- 1 cucharada sopera de perejil picado

Trabajar todos los ingredientes en una batidora. Si la consistencia fuera demasiado espesa, se añadirá una o dos cucharadas soperas de agua.

Dejar reposar 15 minutos. Servir sobre hojas de lechuga con perejil picado.

¿Cómo se hacen germinar las semillas?

- Se ponen las semillas en un tarro y se recubren con agua pura.
- Se tapa la boca del tarro con una gasa que se fija con una goma.
- Se deja reposar toda la noche.
- Se vierten las semillas en un colador o un tamiz.
- Se enjuagan bajo el grifo con agua abundante.
- Se devuelven al tarro y se vuelven a cubrir con la gasa.
- Se deja escurrir el tarro inclinado a 45° (por ejemplo sobre el escurridor de los platos).
- El tarro ha de permanecer alejado de la luz directa.
- Se enjuagan las semillas con agua abundante dos veces al día.
- Según el tipo de semilla y la temperatura ambiente, se puede empezar a consumir entre 1 y 10 días más tarde.

▶ Ensalada vietnamita con semillas germinadas

- 250 g de soja germinada
- 30 g de alfalfa germinada (o dos pulgaradas grandes)
- 1 col china pequeña
- 1 zanahoria mediana rallada
- Unas 10 hojitas de menta fresca

Vinagreta agridulce

- 2 cucharadas soperas de vinagre de arroz
- 2 cucharaditas de café de jengibre fresco rallado
- 1 cucharada sopera de shoyu
- 1 cucharada sopera de aceite al gusto
- 1 cucharadita de café de malta de arroz o dos pizcas de azúcar

Cortar la col en cuatro y a continuación en tiras de 1 cm de ancho. Dejar la tercera parte final del tronco para cocinar en un estofado o una sopa de miso. Mezclar las semillas germinadas, las hojas de col y la zanahoria rallada con las hojitas de menta enteras. Preparar la vinagreta, aderezar la ensalada y dejar reposar en sitio fresco durante unos 15 minutos antes de servir, el tiempo que tardan la col y la soja, que tienen sabor neutro, a impregnarse con los sabores de la vinagreta.

▶ Paté de judías azuki

- 200 g de judías azuki
- 6 cm de alga kombu
- 2 calabacines medianos
- 250 g de setas
- 4 cucharadas soperas de mantequilla de sésamo
- 100 g de margarina
- 80 g de levadura alimentaria en copos
- Tamari
- Sal, arañuela, mejorana (1 cucharadita de café de cada una)

Poner en remojo las judías durante la noche, o, todavía mejor, hacerlas germinar. Se tira el agua de remojo y se enjuagan. Se cuecen en tres veces su volumen de agua con el alga kombu, a fuego muy bajo hasta que se deshagan completamente al apretarlas entre dos dedos. Escurrir bien. Se guarda el caldo de la cocción para servirlo después como caldo caliente. Se lavan, cortan y cuecen al vapor los calabacines y las setas. Se mezclan las judías, las algas y las verduras. Se añaden todos los demás ingredientes. Se verifica el aderezo y se trabaja en la batidora. Se vierte luego en un molde para pasteles engrasado y se cuece en el horno a 180 °C entre 30 y 40 minutos. Después de horneado este paté tendrá una consistencia tostada en la superficie y estará blando en el interior. Este paté se puede cocer también en moldes individuales.

En el plato

Se puede servir caliente o frío, cortado en rodajas o untado con mantequilla.

♟ CONSEJO SALUD

Las azukis, une judías pequeñas rojas japonesas, forman parte de la familia de las leguminosas, que son tan ricas en fibras.

Cereales

▶ Guiso de arroz con lentejas y cebollas

- 200 g de arroz redondo semintegral
- 100 g de lentejas verdes o pardas
- 3 cebollas
- 3 o 4 hojas de salvia o ajedrea
- Comino y cilantro en polvo (1 cucharadita de café de cada)
- Aceite de oliva o de sésamo

Se calienta un litro de agua con una cucharada sopera de aceite y dos o tres hojas de salvia o una pizca de ajedrea. En otra agua se hierven las lentejas durante unos 5 minutos. Se lava el arroz con agua para quitarle el almidón. Luego se mezcla con las lentejas en una olla con fondo grueso. Se añade el agua caliente con aceite y sal de tal manera que supere en 3 cm el nivel del arroz con las lentejas. Se añade media cucharadita de café de comino y de cilantro en polvo. Se mezcla y se corrige de sal, si es necesario. Se pone a hervir, se tapa y se deja cocer a fuego muy bajo entre 40 y 50 minutos. Se cortan las cebollas por la mitad y luego en láminas finas. Calentar bien el aceite (de sésamo en invierno, de oliva en verano) y se doran las cebollas sin dejar de remover. Se colocan las cebollas sobre la mezcla de arroz y lentejas y se sirve bien caliente.

Astucia de cocinera

Acompañar este arroz con una ensalada muy variada en verano (por ejemplo: lechuga, pepino, tomate, perejil, limón, pimiento), con zanahorias ralladas en invierno y una cucharada sopera de verduras de fermentación láctica, o dos o tres rodajas de rábano negro.

Cocinar las lentejas con espelta pequeña, o con bulgur grueso. También se puede variar la proporción de los granos.

▶ Arroz basmati con quinoa roja

- 2 vasos de arroz basmati integral
- 1 vaso de quinoa roja
- Aceite
- Sal
- Tamari

Se mezclan el arroz y la quinoa, se añade sal, una cucharada sopera de aceite a elegir, se cubre todo con agua fría que supere en 2 cm el nivel de los cereales (el aceite evitará que los granos se peguen). Se lleva a ebullición muy suavemente, se tapa y se deja cocer a fuego muy bajo durante 20 minutos. Se apaga el fuego y se deja inflar unos 10 minutos más.

En el plato

Los puntitos rojos de la quinoa son muy bonitos de ver. Se servirá con verduras hechas al vapor y un puré de verduras dulces, como por ejemplo la calabaza «potimarrón».

Comentario
En caso de colitis se utilizará arroz basmati semintegral.

▶ Bolitas de alforfón con puerros

- 3 o 4 puerros
- 100 g de harina de alforfón

- 2 huevos
- Sal
- Aceite de sésamo
- Tamari

Se cortan los puerros a trocitos junto con las hojas verdes. Se lavan y escurren. Se calientan en una sartén dos cucharadas soperas de aceite de sésamo, se añaden los puerros y se cocinan tapados a fuego bajo.

Para hacer las bolitas

Se calientas dos litros de agua con una cucharadita de café de sal gruesa. Se mezclan los huevos, la sal, la harina y un poco de agua hasta conseguir una pasta espesa que se quede agarrada a la cuchara cuando se le dé la vuelta. Con una cucharita se cogen porciones de esta pasta y se empujan con el dedo para hacerlas caer en el agua hirviendo. Saldrán una veintena de bolitas. Se deja hervir unos 7 u 8 minutos, hasta que suban a la superficie. Se mezclan estas bolitas con los puerros y se sazona con tamari. Se tapa y se deja cocer a fuego suave durante otros 5 minutos.

En el plato

Servir con arroz integral, verduras al vapor (por ejemplo, zanahorias en trozos grandes aromatizadas con alcaravea), y alguna crudité verde.

👄 **VARIANTE GOLOSA**

Sustituir los puerros por cebollas. Mezclar los puerros (o las cebollas) con algas «espagueti del mar». Sustituir el alforfón por sémola fina.

Comentario

Estas bolitas de alforfón son útiles en los cocidos y enriquecen los caldos de verdura.

Torta de avena con puerros

- 4 puerros grandes
- 100 g de copos de avena pequeños
- 1 vaso de leche de arroz
- 100 g de emmental rallado
- 4 huevos
- Sal
- Pimienta
- Arañuela

Se cuecen al vapor los puerros cortados en trozos. Se ponen los copos de avena en la leche de arroz durante unos 10 minutos para que se inflen, luego se añade el queso, los huevos batidos, los puerros escurridos, la sal y las especias. Se engrasa un molde rectangular de horno, se vierte la masa y se extiende para que tenga 3 cm de grueso. Se cuece en el horno calentado a 180 °C durante 30 minutos.

En el plato

Servir con una salsa de tomate con albahaca o con una salsa de zanahorias con alcaravea.

Tortitas de arroz

- 400 g arroz semintegral cocido
- 1 cebolla
- 1 pimiento rojo
- 1 cucharadita de café de semillas de hinojo
- 1 cucharada sopera de maicena
- Aceite
- Sal
- Un puñado de pipas de girasol tostadas

Se corta la cebolla en cuadraditos y el pimiento en palitos de 2 cm. Se doran juntos con un poco de aceite. Se mezclan con el arroz, las semillas de hinojo, la sal y la maicena. Amasar hasta conseguir una masa que se aguante. También se puede trabajar en la batidora. Se añaden las pipas de girasol tostadas y se amasa un poco más. Calentar bien una sartén de fondo grueso con un poco de aceite. Con las manos se forman unas bolitas de la medida de la palma medio cerrada. Se aplanan y se redondean los bordes. Las tortitas así obtenidas tendrán un diámetro de unos 6 cm. Se fríen 2 o 3 minutos por cada lado dándoles la vuelta varias veces.

Verduras

▶ Col china braseada

- 1 col china mediana
- 1 cucharada sopera de aceite de sésamo
- 2 cucharadas soperas de tamari
- ½ cucharadita de café de comino en grano

Se utilizará una sartén de fondo grueso.

Se corta la col en cuatro y luego en tiras de 2 cm de grueso la parte verde y los tallos blancos, dejando sólo el troncho con la parte dura de la base. Se calienta el aceite y se brasea la col removiendo continuamente durante 5 minutos a fuego fuerte. Se baja éste al mínimo, se tapa y se deja cocer unos 5 minutos más. La col china contiene mucha agua por lo que no será necesario añadir nada, siempre que se utilice una buena sartén de fondo grueso y que se complete la cocción a fuego bajo. Añadir el tamari y el comino. Dejar que absorba el aderezo durante unos minutos antes de servir.

👄 VARIANTE GOLOSA

Añadir una cucharadita de café de jengibre fresco rallado y una cucharada sopera de perejil o de cebollino.

▶ Apio de tres colores

- 1 apio con ramas y hojas
- 1 pimiento rojo
- 1 pimiento verde
- 1 zanahoria
- 1 cucharada sopera de aceite de oliva
- 1 cucharada sopera de shoyu

Se pican finamente las hojas del apio, se cortan las ramas y la base en dados, los pimientos en láminas finas, y la zanahoria en medias lunas finas. Primero echar los pimientos en el aceite caliente y dejar que se hagan durante 5 minutos. Añadir la zanahoria y el apio cortado en dados. Cocinar otros 5 minutos antes de añadir las hojas. Echar medio vaso de agua, tapar y dejar cocinar otros 5 minutos. Antes de servir rociar con shoyu.

▶ Tortitas de chirivías

- 500 g de chirivías
- 2-3 cucharadas soperas de harina integral
- 2 huevos
- 3 chalotes (o 1 cebolla roja)
- 2-3 cucharadas soperas de crema de soja
- 1 manojo pequeño de perejil
- Sal
- Pimienta
- Aceite

Se pelan las chirivías y se rallan con un rallador fino. Se pican finamente los chalotes y el perejil. Se baten los huevos en un plato hondo y se le añaden las verduras y la harina. Se añade la crema de soja y se sazona. Se calienta un poco de aceite en una sartén de fondo grueso. Se echan cucharadas de la masa preparada, se extienden y se cuecen las tortitas por cada lado, girándolas varias veces (unos 10 minutos).

La chirivía es una variedad de zanahoria blanca utilizada en la antigüedad, que fue sustituida progresivamente por la zanahoria. Gracias a la agricultura biológica, la chirivía vuelve a estar en los mercados. Es una verdura muy aromática muy bien aceptada para sopas y caldos.

▶ Guisantes con estragón

- 1 kg y medio de guisantes en sus vainas
- 8 cebollitas blancas
- 6 zanahorias nuevas
- 1 cucharada sopera de aceite de oliva
- 1 cucharada sopera de estragón fresco picado
- Sal
- Tamari

Se quitan las vainas a los guisantes. Se prepara una sartén de fondo grueso. Se saltean en aceite durante 5 minutos las cebollitas peladas y las zanahorias cortadas en cuatro en el sentido de su longitud. Se añaden los guisantes, el estragón y medio vaso de agua. Se cuece todo a fuego suave durante 45 minutos (o más según la calidad de los guisantes). Se vigila la cocción añadiendo dos o tres veces medio vaso de agua caliente. Los guisantes nuevos son deliciosos cocinados de esta manera, con una cantidad mínima de agua. Se sazona con dos cucharadas soperas de tamari al final de la cocción.

👄 VARIANTE GOLOSA

El mismo sistema sirve para las flores de saúco. En este caso, en lugar del estragón se pondrán tres umbelas de flores frescas a las que se les ha quitado el rabillo (asegurarse de que se han eliminado del todo los pecíolos verdes), o dos buenas pulgaradas de flores secas. ¡Un plato delicado para celebrar la primavera!

▶ Verduras salteadas en el wok

- Ramas y hojas de un apio
- 1 pimiento rojo
- 1 pimiento verde
- 1 zanahoria
- 2 cucharadas soperas de aceite de oliva
- 2 cucharadas soperas de shoyu
- 1 trozo de 2 cm de jengibre fresco

Se pican las hojas del apio muy finas, se cortan las ramas y la base en dados, los pimientos en láminas finas y las zanahorias en medias lunas. Se pela el jengibre y se corta en tiritas finas. Se escoge una sartén con recubrimiento antiadherente o un wok. Se calienta hasta que empieza a echar un poco de humo, se añade un poco de aceite y cuando empieza a chisporrotear, se echan las zanahorias y el jengibre juntos. Se remueve, se levanta y se despega del fondo para que todos los trozos estén en contacto con el calor, durante unos 2-3 minutos, según la densidad y el tamaño de los trozos. La verdura ha de quedar crujiente. Se reservan las zanahorias y se repite la misma operación con los pimientos durante 2 minutos, los dados de apio un minuto, las hojas del apio 30 segundos. Si hace falta, se añade aceite con cada cambio de verdura. Se colocan todas las verduras en el wok, se apaga el fuego, se echa el shoyu y se deja reposar 2 minutos. Se sirve inmediatamente en platos calientes.

👄 VARIANTE GOLOSA

1. Preparar kuzú o arruruz, añadir a las verduras y servir inmediatamente.
2. Se puede mezclar todo tipo de hortalizas. Lo importante es que estén cortadas finas. Experimentemos la diferencia de sabor según el tipo de corte: triángulos, tiras, medias lunas, cubos, palitos...
3. A las verduras les podemos añadir tofu, algas, setas...

El wok es una cacerola multiusos de la cocina china. El salteado en el wok es una técnica de cocción muy sana. En efecto, «el aceite caliente asa ligeramente y contrae el alimento introducido, lo envuelve en una película fina. De esta manera los jugos vivos quedan capturados en el interior del trozo de comida, y esto permite conservar algunos principios vitales que el organismo puede utilizar desde su ingesta» (P.H. Meunier).

▶ Ortigas estofadas

- Cuatro puñados grandes de ortigas
- 2 cebollas medianas
- Aceite de oliva
- Zumo de 1 limón
- Sal y tamari

Lavar las ortigas y, sin secarlas, cortarlas toscamente. Se doran las cebollas cortadas en el aceite de oliva. Encima se colocan las ortigas y se tapa para que se cocinen a fuego suave y en estofado.

Comentario

El zumo de limón suavizará el sabor de las ortigas que a veces es un poco áspero. Para suavizar, después de cocinadas se puede añadir un chorrito adicional de aceite de oliva y zumo de limón. La ortiga es un poderoso remineralizador, facilita el tránsito intestinal y fortalece el hígado.

¿Cómo se recolectan las ortigas?

Con unos guantes, se van cortando con tijeras las sumidades de los tallos de las ortigas (aproximadamente los últimos 10 cm), antes de que florezcan. Se preferirán las hojas de color verde claro a las oscuras. Se eliminan los tallos si éstos resultan duros. En los lugares húmedos, y al principio de temporada, las hojas son tiernas a todo lo largo del tallo.

▶ Bróculi con vinagreta de naranja

- 1 kg de bróculis

Vinagreta:

- 2 cucharadas soperas de vinagre de sidra
- 2 cucharadas soperas de aceite
- 1 cucharadita de café de cáscara de naranja
- 2 cucharadas soperas de shoyu
- ½ zanahoria rallada

Se separan los bróculis en varias ramitas. Se limpia el tronco de su piel fibrosa y se corta en rodajas. Se cocina al vapor de manera que quede crujiente (se prueba con un cuchillo). Se sirve caliente acompañado de la vinagreta que producirá un bello contraste de color.

👄 VARIANTE GOLOSA

Hacer una vinagreta con flores de mimosa en lugar de la cáscara de naranja y con vinagre de arroz en lugar del vinagre de sidra.

▶ Puchero vegetariano

- 2 puerros
- 2 zanahorias
- 1 cebolla
- ¼ de apio nabo mediano
- ¼ de calabaza «potimarrón» mediana
- Aceite
- Hierbas de Provenza
- Laurel
- Sal
- Tamari

Se saltea la cebolla cortada en daditos durante 5-6 minutos en dos cucharadas soperas de aceite de girasol o de oliva. Se añaden las zanahorias y el apio cortados en trozos gruesos. Se echan dos vasos de agua, se lleva a ebullición y se deja cocer a fuego suave durante 10 minutos. Se añaden los puerros, un vaso de agua, cuando arranca el hervor se cuece otros 5 minutos. Finalmente se añade la calabaza, dos vasos más de agua, las hierbas, se lleva otra vez a ebullición y se cuece a fuego suave 5 minutos. En este punto se añade otro medio litro de agua y cuando empieza a hervir se deja cocer suavemente 30 minutos.

👄 VARIANTE GOLOSA

Se puede sustituir la calabaza «potimarrón» por un puñado de espinacas picadas toscamente para tener un caldo verde. También se pueden mezclar espinacas y calabaza.

🗣 CONSEJO SALUD

En el caso de colitis y de hinchazón del vientre, se puede preparar un puchero con zanahorias, chirivías, calabaza «potimarrón», boniatos e hinojo.

▶ Espaguetis de mar salteados

- 50 g de espaguetis de mar
- 2 cebollas rojas grandes
- 1 cucharada sopera de tamari
- 1 cucharada sopera de aceite de sésamo

Remojar las algas en tres vasos de agua fría durante 10 minutos. Escurrir y guardar el agua del remojo. Cortar las cebollas en láminas gruesas, saltear en el aceite de sésamo, añadir las algas y seguir cociendo otros 5 minutos removiendo a menudo. Echar el caldo de remojo de las algas cociendo otros 15 minutos a fuego suave y con la sartén tapada. Destapar, aumentar el fuego y cocinar hasta que se haya evaporado el jugo. Al final de la cocción añadir un poco de tamari.

Añadir unas hojas de espinacas cortadas en tiras.

👤 **CONSEJO SALUD**

En el caso de colitis e hinchazón del vientre: sustituir las cebollas por zanahorias, y el tamari por sal.

▶ Tagine de verduras con mantequilla de sésamo

- 2 cebollas
- 4 zanahorias
- 2 pimientos rojos
- 4 tomates
- 2 cucharadas soperas de concentrado de tomate
- 5 dientes de ajo
- 3 cucharadas soperas de tahini
- Aceite
- Una pizca de pimentón
- ½ cucharadita de café de cuatro especias

Corte de las verduras:
- Cebollas: en láminas
- Ajo: picado grueso
- Tomates, pimientos, zanahorias: en cubos de 1 cm aproximadamente.

Primero se rehogan las cebollas y los ajos en aceite durante 2 minutos, a continuación las zanahorias y los pimientos (3 minutos), y al final los tomates. Se diluye el concentrado de tomate en medio litro de agua, se vierte sobre las verduras y se deja cocer a fuego suave durante 30 minutos. Se añade la sal, las cuatro especias y el pimentón. Se diluyen cuatro cucharadas soperas de tahini en un poco de agua fría y se vierte sobre las verduras. Se aumenta el fuego mientras se revuelve bien (¡cuidado! El tahini se quema fácilmente si queda en el fondo de la cacerola). Cuando la salsa empieza a espesar, se baja el fuego y se deja cocer suavemente durante unos minutos más.

VARIANTES GOLOSAS

Otras dos mezclas buenas para este tagine: cebollas y acelgas (pencas y hojas, o sólo hojas). Cebollas y mucho cilantro fresco.

CONSEJO SALUD

En caso de colitis se prepara un tagine con las siguientes verduras: zanahorias, guisantes, judías verdes, pencas de las acelgas (nada de ajo ni cebolla, y si se utilizan tomates habrán de ser pelados).

Postres

▶ Tarta de potimarrón (sin azúcar)

- 4 trozos grandes de calabaza (unos 400 g)
- 1 taza de arroz inflado o dos tortitas de arroz
- Un puñado pequeño de pasas
- 2 manzanas pequeñas
- 3-4 cucharadas soperas de harina de trigo semintegral
- 2 cucharadas soperas de puré de anacardos
- 2 cucharadas soperas de aceite
- Una pizca de sal
- ½ cucharadita de café de canela en polvo
- 1 sobrecito de azúcar con vainilla
- Un puñado de almendras fileteadas tostadas

Se cuece la calabaza al vapor, se escurre y se reduce a puré. Se pelan y se cortan las manzanas en trozos pequeños y finos. En un cuenco se mezcla el puré de calabaza, el puré de anacardos, el arroz inflado (o las tortitas de arroz desmigajadas), las pasas, las manzanas troceadas, el aceite y la canela, la vainilla y una pizca de sal. Se añaden tres cucharadas de harina (si hace falta, una más, ya que la masa ha de ser espesa, no fluida). Se mezcla bien y se vierte en un molde untado con aceite y se deja cocer 40 minutos en el horno a 180 °C. Se decora con las almendras tostadas antes de que se forme la costra.

Comentario

Esta receta no lleva azúcar pero está dulce gracias a la buena calidad de la calabaza potimarrón y a las manzanas, que han de ser maduras y muy dulces. Si no lo fueran, se podrán cocer 2-3 minutos en una decocción de regaliz. Habrá que escurrirlas bien antes de añadirlas a la mezcla.

● VARIANTE SIN GLUTEN

Utilizar dos terceras partes de harina de arroz y una tercera parte de harina de soja.

▶ Pastel de verano sin cocción, con pan integral

- ½ kg aproximado de pan semintegral, según el tamaño del molde
- 2 melocotones
- 2 peras
- ½ cucharadita de café de anís verde en polvo
- 2 g de agar-agar
- Un puñado pequeño de piñones
- 2 cucharadas soperas de sirope de ágave

Se corta el pan en rebanadas de ½ cm de grueso. Se coloca una capa de pan en el fondo del molde y se forran los lados. Si es necesario se recortan las rebanadas para no tener que solaparlas. Tostar los piñones. Pelar la fruta y cortarla en cuartos. Se calientan 4 dl de agua con una pizca de sal y el anís verde, se sumerge la fruta 30 segundos y se escurre. Se disuelven 2 g de agar-agar en dos cucharadas soperas de agua fría, y se añade al agua de cocción de la fruta. Se le da un hervor para que el agar-agar prenda. Se añade el sirope de ágave. Se añade la fruta. Se vierte esta preparación con la fruta en el molde forrado con las rebanadas de pan. Espolvorear encima los piñones tostados. Se deja enfriar unas cuantas horas en la nevera. Se desmolda sobre una fuente de servir y a continuación se gira. Se sirve fresco decorado con hojitas de menta o con hojas de melocotonero y de peral.

Esta receta permite utilizar restos de pan. Con pan integral el sabor será más rústico y habrá un contraste claro entre lo dulce y lo salado del pan.

▶ Clafouti de ciruelas y calabaza (sin azúcar)

- Unas 15 ciruelas deshuesadas
- 1 manzana
- 250 g de calabaza
- ½ vaso de leche de almendras
- ½ vaso de zumo de naranja
- 3 cucharadas soperas de harina de arroz
- 3 huevos
- 1 cucharadita de café de canela
- 1 cucharadita de café de anís verde en grano
- Un puñadito de piñones
- Una pizca de sal

Poner en remojo las ciruelas en agua caliente durante 15 minutos si están tiernas, o el día anterior si están muy secas. Pelar y cocer al vapor la calabaza. Deshuesar las ciruelas y cortarlas en dos. Pelar y cortar la manzana en láminas. Precalentar el horno a 180 °C. Engrasar con aceite un molde, extender las manzanas y las ciruelas. Batir los huevos con las especias, la harina, los líquidos y la pizca de sal. Aplastar la calabaza y añadirla a la preparación y batir todo junto. Verter en el molde sobre la fruta, espolvorear con los piñones y cocer durante 35 minutos a 180 °C.

▶ *Petits-fours* sin cocción

Con dátiles

- 100 g de dátiles enteros o en pasta
- 100 g de almendras molidas
- 100 g de pan rallado

- ½ cucharadita de café de jengibre
- ½ cucharadita de café de canela
- ¼ cucharadita de café de nuez moscada
- La cáscara finamente rallada de media naranja

Deshuesar y pasar los dátiles por la batidora si están enteros. Mezclar la pasta de dátiles con todos los demás ingredientes y una o dos cucharadas soperas de agua para ligarlo todo. Untar las manos ligeramente con aceite, coger una cucharadita de la pasta y formar bolas redondas u ovaladas, que se depositarán sobre los moldes de papel apropiados. También se pueden pasar la mitad de las bolas en nuez de coco rallada finamente, y servir sobre un hermoso plato de portada con colores a contraste, una fila blanca, una fila oscura...

Con albaricoques
- 20 orejones de albaricoque blandos
- 100 g de pistachos verdes triturados
- 2 cucharadas soperas de agua de azahar

Se abren los albaricoques con precaución para no romperlos. Se mezclan los pistachos triturados con el agua de azahar. Se rellenan los albaricoques. Se presentan sobre un hermoso plato de servicio redondo alternando un albaricoque, un dátil. Se decora con pétalos de caléndula secos o frescos, con flores de malva, o se intercalan con tiras de naranja confitada.

😙 **VARIANTE GOLOSA**

Se pueden rellenar los albaricoques con pasta de almendras de distintos colores.

▶ Gratinado de higos
- ½ kg de higos
- 2 cucharadas soperas de harina de soja precocida
- 2 yemas de huevo

- Sal
- Un puñadito de semillas: sésamo, pistachos o piñones

Pasar por la batidora los higos con la harina, las yemas y la pizca de sal. Extender en un molde engrasado. Espolvorear las semillas y cocer 20 minutos en el horno precalentado.

Comentario

Esta receta permite utilizar los higos demasiado maduros o estropeados.

▶ Soufflé de quinoa y fresas

- 50 g de quinoa
- 30 g de avellanas molidas
- 3 claras de huevo
- 2 yemas de huevo
- 100 g de fresas
- 2 cucharadas soperas de azúcar moreno
- La cáscara de ½ limón

Se cuece la quinoa durante 20 minutos a fuego suave en seis veces su volumen de agua, y se deja tapada fuera del fuego para que se infle. No dejar enfriar. Se traspasa la quinoa a una ensaladera. Se cortan la fresas en cuartos. Se mezclan las yemas con el azúcar, se añaden las avellanas molidas, la cáscara de limón y las fresas cortadas en cuartos. Se incorpora esta mezcla a la quinoa. Se montan las claras a punto de nieve muy firme añadiendo al principio una pizca de sal. Se mezclan delicadamente las claras a la preparación de quinoa. Se vierte en moldes individuales engrasados o en un molde único. Se cuece en el horno a una temperatura de 200 °C durante 20-25 minutos. Se come caliente, ya que el soufflé se sienta rápidamente.

▬ VARIANTE GOLOSA

Se puede realizar esta receta con manzanas cocidas del tipo reinetas grises o con un puré de manzanas.

Bebidas

▶ Infusión estimulante

Se pone a calentar un litro de agua lo más pura posible. Se apaga el fuego cuando empieza a burbujear (justo antes de hervir). Se añaden dos pizcas de cada planta: anís verde, salvia, manzanilla, verbena y albahaca... Se cubre y se deja reposar entre 5 y 8 minutos. Se bebe muy caliente, posiblemente sin endulzar. Beber una o dos tazas diarias.

▶ Jugo de verduras de fermentación láctica

Jugo de remolacha, de zanahoria, mezcla de verduras, jugo de chucrut. Se encuentran en el comercio. Hay varios productores, tanto franceses como de otros países europeos. Se bebe un vasito al inicio de la comida.

▶ Kombucha

El kombucha es un hongo que los chinos llaman «tché», hongo de larga vida. Se transmite de una familia a otra desde hace siglos. La bebida propuesta es una fermentación láctica durante la cual se forman sustancias valiosas, como oligoelementos, aminoácidos, levaduras y enzimas activas. El resultado es agradablemente refrescante y lleno de vitalidad. Se encuentra ya preparado en los comercios de productos biológicos y en algunos productores artesanos. Por otra parte, en Internet hay abundante información sobre el kombucha (escribir «kombucha» en el buscador) y las redes que hacen circular el hongo (yo recibí el mío por correo). Modo de empleo: un vaso al día quita el cansancio y hace funcionar bien los intestinos. Tres vasos al día para una cura de tres semanas. Todavía mejor: beber según las ganas, para que el cuerpo tome aquello que le hace falta.

Preparación

- 1 l de agua tan pura como sea posible
- 3 cucharadas soperas de té verde de calidad
- 125 g de azúcar biológico

Se hierve el té y el azúcar durante una media hora. Se filtra. Se añade agua hasta completar un litro para compensar la evaporación. Se vierte el líquido en un tarro de vidrio o en un recipiente de barro, tipo vinagrera, y se deja enfriar. Se introduce el hongo. Se cubre con un tul y se deja macerar entre cuatro y cinco días a temperatura ambiente. En ese momento la bebida es ligeramente espumosa y se puede consumir enseguida. Se pasa a una botella dejando un poco de líquido en el fondo del tarro para que la madre kombucha permanezca cubierta en espera de una nueva tanda. Se vuelve a iniciar de la misma manera, echando té frío con azúcar sobre la base de kombucha. La madre producirá otras madres que podremos regalar. Si se quiere parar la producción, se pone el tarro en la nevera, pero habrá que renovar de vez en cuando (cada 15 días) la base (el té con azúcar)... para volver a empezar cuando se esté preparado.

SEGUNDA PARTE

VIENTRE HINCHADO

Un poco de fisiología (¿de dónde vienen esas fermentaciones?)

Las fermentaciones son fenómenos naturales que tienen lugar en el colon y que forman parte del funcionamiento normal de este órgano. Los residuos alimentarios que no han sido asimilados en el intestino delgado (fibras, ciertos glúcidos resistentes, algunas proteínas...), en efecto, llegan al colon y serán atacados por las bacterias que pueblan el intestino grueso. Sus papeles son múltiples: las bacterias «buenas», que constituyen la flora intestinal, viven en armonía con el organismo que colonizan, estimulando las defensas inmunitarias, limitando el desarrollo de las bacterias patógenas, sintetizando ciertas vitaminas indispensables para nuestra salud (vitamina K y otras del grupo B). La producción de gas es pues normal, pero se vuelve molesta cuando es demasiado importante, provocando distensiones dolorosas. El aumento de volumen del abdomen, que a veces puede ser impresionante, puede producir dolores que se calman con la emisión del gas. Hay otra molestia que afecta a las personas que tienen fermentaciones excesivas: algunas cepas de bacterias tienen una predilección por las proteínas, dando como resultado un gas especialmente nauseabundo. Para mejorar las fermentaciones hay que controlar la alimentación, pero sobre todo vigilar el buen estado de la flora intestinal.

Por otra parte, ciertos factores agravan las fermentaciones intestinales. El estrés, que favorece los espasmos cólicos y un tránsito irregular con estancamiento del contenido intestinal, aumenta la hinchazón. Una alimentación desestructurada, con una alternancia de comidas omitidas y de comidas demasiado copiosas, supera la capacidad digestiva normal y los alimentos mal digeridos llegan al colon de forma irregular. Entonces, la flora intestinal ataca los residuos, causando una producción intensa de gas. Si se tienen horarios de trabajo desfasados, si se pica entre horas o se saltan las comidas de manera habitual, este fenómeno se agrava. También la masticación es un aspecto que hay que vigilar: una comida consumida demasiado deprisa, sin tiempo para masticar, favorece las fermentaciones cuando los alimentos llegan al colon.

Finalmente, hay alimentos que facilitan las fermentaciones. Esta sensibilidad es individual, y depende sin duda de la composición de la flora, que es propia de cada individuo. Los excesos de ciertos glúcidos, como la inulina contenida en la alcachofa y la aguaturma, la rafinosa de las alubias o el almidón del pan fresco todavía caliente, llegan intactos al colon, donde producen fermentaciones más o menos intensas. La lactosa de la leche y los edulcorantes contenidos en la goma de mascar y los caramelos sin azúcar presentan los mismos inconvenientes.

Cómo resolver el problema

Objetivo n.º 1: ¡relajarse!

Como en todas las patologías digestivas benignas (estreñimiento, gastritis, colitis, etc.), el elemento central para la mejora de las fermentaciones intestinales es la gestión del estrés. El abdomen concentra las tensiones, y eso no mejora la regularidad intestinal y, además, favorece la hinchazón del vientre. Son importantes los ejercicios de respiración para relajar el vientre después de las comidas. En posición estirada, o sentados si no hay más solución, se hincha el vientre suavemente con cada inspiración. Se sopla suavemente al emitir el aire despacio. Se repite el ejercicio durante 5 minutos. El vientre se relaja, la circulación mejora y los gases se reparten mejor dentro del colon, facilitando su evacuación. Habrá que aflojar la falda o los pantalones para limitar la compresión y favorecer una mejor circulación de la energía durante el ejercicio.

Muchas personas se quejan de hinchazones importantes después de la comida. Efectivamente, la comida del mediodía, tanto si se hace rápidamente durante la jornada de trabajo, o en casa entre dos actividades domésticas, en general se hace corriendo, por lo que queda reducida a una pausa de pocos minutos en la que se busca ganar tiempo. Este estrés sólo sirve para agravar la situación. Si hay poco tiempo para la comida hay que optar por una colación sencilla: un plato más un postre. Esto reduce el volumen y permite el tiempo necesario para masticar los alimentos. Por la tarde se puede comer una fruta o algún lácteo para completar. Cuando se come habitualmente a base de bocadillos, porque no hay ni el tiempo ni la posibilidad de comer otra cosa, se comerán a trocitos pequeños masticando bien. El pan, al ser rico en almidones y en fibra, puede provocar flatulencias unas pocas horas después de su ingesta. La masticación lenta permite mejorar el tránsito porque la saliva contiene una enzima (la amilasa) que facilita la digestión. Habrá que intentar dar un pequeño paseo de 10 minutos después de la comida para oxigenarse y relajarse.

Objetivo n.° 2: vigilar el ritmo alimentario

Hay que recuperar un ritmo alimentario regular: tres comidas al día, eventualmente un tentempié a media mañana o a media tarde, en función de nuestros horarios. Nos olvidaremos de picar entre comidas y, sobre todo, de saltarnos las comidas. Es preferible hacer una pausa ligera (ensalada combinada más lácteos, o pan con paté vegetal, fruta, o también sopa, queso, compota) que saltarnos completamente una comida. Si nos levantamos demasiado temprano por la mañana, no dudemos en tomar una comida ligera a media mañana (por ejemplo, pan con queso). Completará el desayuno y evitará que tomemos una comida demasiado pesada al mediodía, favoreciendo así la distensión del abdomen y las flatulencias. También evitaremos picar después de la cena (galletas, frutos secos, etc.), porque representan una aportación a veces importante que sobrecarga el tubo digestivo en un momento no apropiado.

Finalmente, hay que evitar beber demasiada agua durante las comidas, ya que ésta diluye los jugos gástricos y ralentiza la digestión. El bolo alimenticio se hace demasiado voluminoso, bloquea la digestión y acarrea la hinchazón del vientre. En cada comida se beberá un máximo de dos a tres vasos de agua, y nos hidrataremos fuera de las comidas. Escogeremos agua sencilla, té o infusiones, que a menudo se toleran mejor que las aguas con gas, que pueden aumentar la impresión de hinchazón.

¿Agua sin gas o con gas?

A menudo se presentan las aguas con gas como una ayuda para la digestión, porque son ricas en bicarbonatos. Ciertamente, los bicarbonatos combaten la acidez de estómago y pueden facilitar la digestión en algunas personas. Si sufrimos de hinchazón de vientre, y nos gusta el agua con gas, nos limitaremos a un vaso por comida y completaremos con té o infusiones fuera de las comidas.

Los horarios por turnos: un verdadero rompecabezas

Si trabajamos de noche, o alternando mañana/noche, intentaremos mantener nuestras tres comidas (eventualmente con un tentempié). Nuestros horarios de comidas no podrán ser regulares, pero vigilaremos sobre todo el tiempo que media entre ellas. Lo ideal sería dejar pasar unas 6 horas entre comidas, sea cual fuere nuestro ritmo de trabajo.

Objetivo n.º 3: mimemos nuestra flora intestinal

La flora intestinal se compone de distintas colonias que viven unas al lado de otras, donde el desarrollo y la prosperidad de cada una limita el desarrollo de las demás. La flora es relativamente estable en un individuo en la medida en que no haya cambios en su estado de salud, de estrés y en sus hábitos alimentarios. Pero algunas colonias pueden desarrollarse de manera excesiva bajo el efecto de distintos factores, como la toma de medicamentos, la alimentación, etc., desequilibrando así toda la ecología intestinal. La flora puede también destruirse parcialmente por efecto de los antibióticos.

A menudo las fermentaciones y las hinchazones excesivas mejoran cuando reequilibramos nuestra flora intestinal. Para ello hemos de actuar en dos direcciones distintas: por un lado volver a aprovisionar el intestino con bacterias «buenas» (probióticos), y aportar a través de la nutrición unos alimentos que permitirán que las bacterias se desarrollen (los prebióticos). Las bacterias beneficiosas son las lácticas, que se encuentran en las leches fermentadas: yogur y kéfir. También se encuentran de forma liofilizada en bolsitas que se espolvorean sobre los alimentos. Para ser efectivas se han de consumir vivas y en cantidad suficiente. Hay que observar que estas bacterias no se fijan en el tubo digestivo, sino que permanecen unos días y luego se eliminan con las heces. Por ello hay que consumir habitualmente productos lácteos fermentados a diario, para un efecto regulardor:

La adaptación al cambio

La flora intestinal no aprecia los cambios bruscos de alimentación. Los residuos alimentarios que llegan al colon dependen de los alimentos que consumimos, y no necesariamente serán del gusto de nuestra flora. Así, si sólo excepcionalmente comemos legumbres, nuestra flora no estará en condiciones de metabolizarlas de forma correcta.

Por el contrario, si de manera regular consumimos pequeñas cantidades las soportaremos mucho mejor. Del mismo modo, cuando se viaja o se hace una comida muy diferente de lo acostumbrado, es fácil que se hinche el vientre. Esto también significa que cuanto menos alimentos se ingieren, menos se toleran.

Objetivo n.º 4: hacer buenas combinaciones

Durante una comida las aportaciones diversificadas y equilibradas favorecen el buen estado de la flora intestinal. Por el contrario, la llegada masiva de un solo tipo de alimento puede facilitar una fermentación más intensa y que se hinche el vientre. Es lo que sucede cuando sólo se come pan para el desayuno. La fibras y una parte del almidón contenido en el pan llegarán en masa al colon y serán atacados por la flora intestinal. El resultado será una producción intensa de gases y la hinchazón del vientre. Lo mismo sucede si comemos un gran plato de lentejas o de verduras fermentables, como la col. La solución es componer menús más diversificados. Por ejemplo, en el desayuno, reduciremos el pan a dos rebanadas, y completaremos con compota y un lácteo fermentado (leche animal o vegetal). En la comida y en la cena, asociaremos siempre féculas con verduras o crudités, para diversificar el tipo de fibras (celulosa en las féculas, hemicelulosa y pectinas en las verduras). Del mismo modo, si comemos pizza o tarta salada, será mejor comer la mitad de lo previsto y completar con verduras o con una ensalada. De esta manera evitaremos una dosis masiva de almidón fermentable.

Objetivo n.° 5: vigilar los alimentos «de riesgo»

Cuidaremos también el tubo digestivo: ciertos alimentos producen flatulencias (alcachofa, aguaturma, etc.), pero su tolerancia varía mucho de un individuo a otro: es importante conocerse bien, aunque esto no implica reducir de manera excesiva la elección de los alimentos. Hay que vigilar sobre todo la leche de vaca, oveja y cabra, ya que contienen lactosa. Consumidas en grandes cantidades pueden acarrear fermentaciones e incluso diarreas. Las leches fermentadas, los quesos y la leche de soja no presentan este inconveniente.

La familia de los aliáceos: el ajo, la cebolla, el chalote e incluso el puerro, son ricos en moléculas azufradas que producen flatulencias y gases nauseabundos. Las coles, ricas en azufre, pero también en fibras, producen hinchazón de vientre en muchas personas. La alcachofa y la aguaturma contienen inulina, un glúcido específico que no se asimila y fermenta en el colon. Las legumbres contienen glúcidos no digeribles y fibras que las bacterias del colon harán fermentar. El salvado de trigo, si se toma en grandes cantidades, por ejemplo porque se sufre de estreñimiento, también causa hinchazón del vientre. Sin embargo, todos estos alimentos no están prohibidos. Para mejorar su tolerancia es preferible eliminarlos del todo en un primer momento, ya que esto dará un descanso al colon. Luego se irán introduciendo otra vez de uno en uno en pequeñas cantidades para comprobar su tolerancia.

Diez alimentos antihinchazón

1. La ciruela umeboshi

Es útil para neutralizar el exceso de acidez o de alcalinidad y destruir las bacterias patógenas de los intestinos.

✋ EN LA PRÁCTICA

* Tomar regularmente una ciruela umeboshi para beneficiarse de su acción (por ejemplo, cada dos días).
* Se utilizará como ingrediente complementario en la mayor parte de los guisos: arroz, verduras salteadas, tallarines salteados, sopas, etc.
* Se conserva fácilmente porque está fermentada y conservada en un medio ácido.

👁 ES BUENO SABER

Se utiliza en pequeñas dosis. Calcúlese una ciruela pequeña fermentada, aplastada con un tenedor, por ejemplo para una porción de arroz o de sopa.

2. Los vegetales con fibras dulces

La fruta y las verduras contienen fibras dulces (pectinas y hemicelulosa). Son indispensables para el buen funcionamiento del tubo digestivo, ya que lo estimulan suavemente sin irritar las mucosas. Sus fibras son asimiladas y metabolizadas de forma parcial por la flora intestinal, cuyo equilibrio favorecen. Hay que escoger la fruta bien madura: manzanas, peras, melocotones, pero también mangos o ciruelas amarillas pequeñas. Se evitarán las frutas con demasiado contenido de fibras duras (kiwis, piña, etc.) y se consumirán peladas, para eliminar la celulosa de la piel, que es susceptible de fermentar. En general la fruta cocida es mejor tolerada, ya que la cocción ablanda sus fibras. Las verduras que se han de preferir son las que no contienen demasiadas fibras, ni sustancias azufradas, ya que estas últimas favorecen las fermentaciones intestinales. Las verduras más apropiadas son los calabacines (y todo tipo de calabazas), la berenjena, las ensaladas dulces (endibia, lechuga, etc.), el corazón del hinojo, el apio nabo, la zanahoria, la judía verde muy fina, los guisantes pequeños y todas las verduras primerizas (nabos y coliflores de pequeño tamaño, etc.). No todas las partes de una misma hortaliza producen el mismo efecto: la parte verde del puerro tiene más cantidad de azufre y fibra que la parte blanca, por consiguiente, será de más difícil digestión. Lo mismo sucede con la col: el corazón de una col verde joven puede ser tolerada perfectamente, mientras que las hojas externas provocarán hinchazón del vientre.

EN LA PRÁCTICA

• Los purés y las sopas de verdura a menudo se toleran mejor que las verduras en trozos. Pero habrá que tener precaución con la col, la cebolla y la parte verde del puerro, que incluso pasadas por la batidora, pueden provocar flatulencias.

• Se consumirá la fruta bien madura, de temporada, y a poder ser de cultivo biológico, para limitar los productos potencialmente irritantes o perjudiciales para la flora intestinal.

• Cuidado con la cebolla, el ajo y el chalote, fermentan con facilidad en el colon... preferiremos la cebolleta muy fina, el perejil, la salvia, que no presentan este inconveniente.

La cocción de la col en dos aguas distintas, desaconsejada porque destruye las vitaminas, puede ser interesante en este caso, ya que elimina una parte de las sustancias azufradas y hace que la col sea mucho más digerible.

3. Los cereales semintegrales (pasta, pan, biscotes, tortas de arroz, de maíz, harinas, etc.)

La riqueza en fibras celulósicas de los cereales integrales favorece la hinchazón del vientre. Así, es preferible escoger productos semintegrales para evitar una aportación masiva de fibras y las fermentaciones excesivas.

Por ejemplo, en lugar del pan con salvado se preferirán los panes integrales o semi, en lugar del bulgur integral se preferirá una sémola de cuscús semintegral. Las harinas integrales de trigo, de alforfón, de castaña o de maíz provocan menos hinchazón, ya que su fibra está reducida a pequeñas partículas, y una vez cocinadas (crepes, repostería, etc.) son especialmente digeribles. Hay que desconfiar del pan poco hecho o acabado de salir del horno, de los pasteles caseros todavía tibios, de la pizza: el almidón de la harina parcialmente cocido y muy hidratado se asimila difícilmente. Entonces, una parte llega al colon donde este almidón residual será atacado por las bacterias de la flora. La hinchazón del vientre puede ser especialmente importante después de haber consumido estos alimentos. Es mejor escoger pan bien cocido y frío, cuyas rebanadas podemos tostar para mejorar la cocción del almidón. También los pasteles caseros se comerán cuando estén fríos. Para limitar los problemas de la pizza, sugerimos preparar una pasta muy fina y cocinar la pizza en un horno muy caliente directamente sobre la base del horno.

• Si no se soporta el pan con salvado o el arroz integral, se empezará por comer productos más refinados (pan semintegral, arroz seminte-gral, etc.), luego progresivamente se diversificarán los productos de cereales, si se desea.

• La tolerancia a los cereales es muy variable entre un sujeto y otro, pero en general es fácil identificar visualmente los cereales y los granos más ricos en fibras duras, ya que éstas están concentradas en la envoltura externa (por ejemplo, trigo entero, quinoa, semillas de lino).

• La tortas de arroz y de cereales, los biscotes, los copos de cereales precocidos son más digeribles, ya que el almidón que contienen está perfectamente cocido.

👁 **ES BUENO SABER**

La cocción mejora la digestibilidad de los cereales y limita las fermentaciones. Si hay tendencia a sufrir de hinchazón del vientre, habrá que evitar los cereales crudos, incluso pasados por la batidora como recomiendan ciertos regímenes.

4. El agar-agar y el carragenato

Estas sustancias son extraídas de las algas rojas y se utilizan tradicionalmente como espesantes en sustitución de la gelatina de origen animal. Su aportación en proteínas es prácticamente insignificante, pero contienen glúcidos específicos, mucílagos, que se saturan de agua formando un gel viscoso en la preparación a la cual se añaden. Así se preparan «flanes» a base de fruta fresca, de leche, de leche de soja, etc.

Al igual que las pectinas contenidas en la fruta, los mucílagos tienen un efecto emoliente, suavizan la mucosa intestinal y regeneran la flora, que los metaboliza, lo que ayuda a su crecimiento y su equilibrio. Los mucílagos tienen, pues, un efecto beneficioso sobre la calidad de la flora, limitando por tanto el desarrollo de las colonias indeseables. El agar-agar, así como el carragenato, tiene un ligero efecto laxante. Además de su efecto equilibrador, se trata de complementos interesantes por su contenido de calcio y hierro: por consiguiente, se pueden también añadir de manera regular, y en pequeñas cantidades (algunos gramos), a las terrinas de verduras, los patés vegetales o los postres.

🖐 EN LA PRÁCTICA

Se pueden utilizar de manera regular pero sin abusar, por su efecto laxante. Se pueden emplear como espesantes naturales para mejorar la tolerancia de los niños a la leche. Para ser efectivos, los mucílagos han de estar perfectamente hidratados, por lo que no hay que consumirlos en polvo, tal como se encuentran.

👁 ES BUENO SABER

El efecto gelificante aparece cuando el preparado está perfectamente frío. Añadido a una sopa no modifica ni la textura ni el gusto, y permite aumentar el contenido de fibras suaves.

5. El tofu y los derivados de la soja

Excepto las habas de soja, que son relativamente indigestas a causa del alto contenido de fibras y glúcidos mal asimilados, todos los derivados de la soja son bien tolerados y no producen fermentaciones intestinales. En especial el tofu, pobre en fibras, se asimila fácilmente y no provoca ni hinchazón del vientre ni fermentaciones intestinales. Es una fuente excelente de proteínas para los vegetarianos, por ello se recomienda su uso regular en los menús, lo mismo que el tempeh. No son irritantes y serán fácilmente tolerados si se asocian a verduras calmantes (zanahoria, calabacín, etc.) y a cereales semintegrales. Se escogerá tofu y tempeh naturales, no ahumados, para limitar las intolerancias a otros componentes.

La tolerancia a la leche de soja y a los postres de crema puede no ser muy buena. Según su modo de fabricación pueden contener glúcidos indigestos de las habas de soja enteras. Estos glúcidos, al no ser asimilados, fermentan en el colon, causando hinchazón del vientre, como las demás legumbres. Se trata de probar varias marcas de leche de soja. En principio, estos glúcidos indeseables son eliminados durante el proceso de fabricación. Los postres fermentados a base de soja («yogur» de soja) tienen una tolerancia mejor a causa de la acidificación natural del producto. Los demás derivados de la soja (salsa, tempeh, miso) han sufrido una fermentación de varios meses, que hace que la soja se vuelva perfectamente digerible, incluso para las personas sensibles.

✋ EN LA PRÁCTICA

• Evitar la soja en grano, tanto si es amarilla como negra, ya que puede producir hinchazón del vientre.
• Consumir con regularidad tofu, salsa de soja, miso, tempeh, sin dudarlo.
• Testar la leche de soja para comprobar su tolerancia.

👁 ES BUENO SABER

Escoger un tofu natural para cocinar en casa (salteado con verduras, en paté casero, etc.), antes que preparados industriales que pueden contener cebolla, pimiento u otras verduras que producen gases.

6. El kéfir y las leches fermentadas

Estos productos obtenidos por fermentación natural gracias a la presencia de fermentos lácticos contienen bacterias beneficiosas para el equilibrio de la flora intestinal. Para aprovechar sus efectos equilibradores, conocidos desde hace siglos, es indispensable consumirlos si tienen una concentración elevada de fermentos vivos. Durante su fabricación, ya sea casera o artesanal, las bacterias se multiplican por el efecto combinado del calor y de la presencia de nutrientes (lactosa u otros azúcares, etc.). Su desarrollo alcanza un nivel máximo y luego el número de bacterias disminuye con el paso de los días.

Hay que consumir estos productos pocos días después de su fabricación, sin almacenarlos por demasiado tiempo. El kéfir es todavía más frágil que el yogur clásico, y ha de ser consumido dentro de las 48 horas que siguen a la fermentación. Las bacterias lácticas tienen un efecto regulador y equilibrador respecto al tránsito, ya que limitan el desarrollo de las cepas bacterianas no deseables. Pero éstas no se instalan en el colon: se eliminan con la materia fecal y se han de aportar nuevamente cada día.

EN LA PRÁCTICA

• El kéfir y el yogur se prepararán en pequeñas cantidades cada tres días aproximadamente, para conseguir una buena concentración de bacterias vivas.
• Testar distintos tipos de leche: la leche de vaca no siempre se tolera bien, ya que es rica en lactosa. Puede ser sustituida por leche de cabra, de oveja, y por las «leches» vegetales.
• Se aromatizarán las leches fermentadas con hierbas calmantes (verbena, salvia, tomillo, etc.) para un doble efecto sobre el colon.

ES BUENO SABER

Para obtener el mejor efecto, cada día (mañana y tarde) se tomarán dos porciones de leche fermentada o yogur.

7. Para digerir mejor los huevos

Se acusa a los huevos de todos los males, y además tienen también la reputación de causar las fermentaciones intestinales y la producción de gases nauseabundos. En realidad el problema no viene del huevo en sí, sino de la presencia de bacterias que se adhieren a las proteínas residuales en el colon. Por otra parte, la preparación de los huevos tiene un papel importante: un huevo cocinado de manera inadecuada tendrá una digestión larga, se asimilará mal, y gran parte de sus componentes llegará al colon. Por el contrario, un huevo preparado adecuadamente, será bien digerido, se asimilará mejor y dejará menos residuos. La estructura del huevo es compleja y requiere algunos cuidados cuando se cocina. Para ser digerible, la clara ha de estar suficientemente cocida (nunca transparente y gelatinosa), pero la yema no ha de estar demasiado hecha (como en los huevos duros, por ejemplo).

Las mejores formas de comer los huevos serán pues: pasados por agua (6 minutos), escalfados, huevos *cocotte*, y huevos pasados por agua (3 minutos) (clara bien cuajada, yema no del todo). Los huevos revueltos y las tortillas deberán estar en su punto, ni demasiado crudos, ni secos. Se utilizarán siempre sartenes antiadherentes o platos para huevos de cerámica, lo que limitará la cantidad de grasa añadida. Se escogerán huevos muy frescos, a ser posible biológicos, lo cual garantizará cierta calidad en la alimentación de la gallina, y se consumirán en los ocho días siguientes a su puesta.

✋ EN LA PRÁCTICA

• No comeremos más que un huevo a la vez si tenemos la sensación de que los toleramos mal.
• No coceremos demasiado rato los huevos duros: entre 8 y 10 minutos serán suficientes. Más allá de ese tiempo, la yema se vuelve verdegris y es especialmente indigesta.
• Añadido a otras preparaciones (pasteles caseros, crema pastelera), el huevo en general se tolera bien.

👁 ES BUENO SABER

Si el cuerpo los admite, se pueden comer hasta cinco o seis huevos semanales.

8. Los copos de azuki y otras legumbres

Las legumbres tienen fama de causar problemas digestivos: fermentaciones, hinchazón a veces muy importante como consecuencia de un plato de judías o de garbanzos. Estos efectos están relacionados con la presencia de fibras celulósicas y, sobre todo, de glúcidos específicos no asimilados que llegan hasta el colon y favorecen las fermentaciones.

Sin embargo, sería una lástima privarse del todo de las legumbres, que son alimentos con concentración de proteínas vegetales, de glúcidos y de minerales. Si se hacen difíciles de digerir, es posible mejorar su tolerancia de manera progresiva. En primer lugar, se escogerán legumbres que contengan menos fibras y glúcidos fermentables: la azuki (roja), lo mismo que la judía mungo (verde), son conocidas por su tolerabilidad. Lo mismo sucede con las lentejas coral, las habas y los guisantes pelados, en los tres casos se trata de legumbres libres de su envoltura externa. Por el contrario, se evitarán las judías rojas y las alubias blancas grandes, ya que pueden aumentar la hinchazón del vientre.

Por otra parte, es conveniente saber que las legumbres comidas enteras son más difíciles de atacar por los jugos gástricos. Se comerán las legumbres de preferencia bajo forma de copos (azukis), de harina (garbanzos), o las reduciremos nosotros mismos en puré por medio de un molino para legumbres que retiene las envolturas celulósicas. Convertidas en harina o en puré, quedan libres de una parte de sus fibras y se toleran mucho mejor. Finalmente, la dosis es lo que cuenta: comidas en pequeñas cantidades, las legumbres en general se soportan muy bien, ya que la cantidad de glúcidos fermentables es reducida. Aunque no toleremos un plato grande de judías, sin duda, no tendremos ningún problema por comer unas pocas en la sopa. Es, pues, preferible asociar las legumbres con cereales poco ricos en fibras (arroz, pasta, etc.) para tolerarlas mejor.

Por fin, la germinación permite disminuir el volumen de glúcidos complejos de las semillas, así que no dudaremos en comer lentejas, judías o garbanzos germinados, ya que su digestibilidad mejorará.

• Remojar las legumbres antes de la cocción, lo cual permitirá iniciar la germinación y mejorar la tolerancia.

• Añadir progresivamente lentejas, azukis y judías mungo a las sopas, las ensaladas, los platos de cereales (primero una cucharada sopera, luego dos, etc.).

• Comprar legumbres de la cosecha del año, están menos secas y son más fáciles de digerir.

👁 ES BUENO SABER

Si a pesar de todo tenemos dificultad para digerir las legumbres, nos limitaremos a los productos frescos: habas, judías tiernas de verano y guisantes de primavera, que son mucho más digeribles.

9. Las algas kombu y otros aromas

Algunos ingredientes que se usan en la cocina aportan sabor, pero también sirven para mejorar la digestibilidad de los platos. Su utilización y sus virtudes son conocidas desde hace siglos. ¿Por qué no probar su efectividad? Las algas kombu, por ejemplo, cocidas junto con las legumbres mejoran su digestibilidad. Es una laminaria japonesa y se utiliza seca. Es suficiente añadir un trocito en el agua fría al principio de la cocción. Se evitará añadir demasiada cantidad, ya que durante la cocción libera ciertos minerales, como el azufre y otros, que pueden dar un sabor acre al plato. También habrá que añadir tomillo, laurel, salvia y algunas semillas de cilantro a los guisos de legumbres, ya que ayudan a la digestión.

Está claro que la cocción de las legumbres, que parece tan sencilla, exige cierto cuidado. La digestibilidad de las legumbres secas depende de su grado de cocción. Si están poco hechas, el almidón y las fibras serán especialmente fermentables. Al final de la cocción las legumbres habrán de estar tiernas y perfectamente hidratadas. Por el contrario, si están demasiado cocidas, los granos se aplastan y el almidón se gelifica, con lo cual será difícil que los jugos gástricos puedan atacarlo. Tampoco habrá que añadir sal al principio de la cocción, porque esto la ralentiza al volverse rígida la envoltura externa. Si es necesario, se echará la sal al momento de servir.

Hace algunos años había la costumbre de añadir bicarbonato en el agua de cocción de las legumbres y de las verduras, para hacerlas más tiernas. Hoy se sabe que esta práctica disminuye el contenido de vitaminas del grupo B, por consiguiente es, preferible evitarla.

✋ EN LA PRÁCTICA

• Habrá que ocuparse de tener una provisión de algas kombu secas para cocer las legumbres (algunos centímetros).
• Los granos están a punto cuando se pueden aplastar con los dedos y ya no saben a almidón mal cocido (gusto de harina).
• Terminada la cocción se dejará reposar las legumbres diez minutos, con la olla tapada, para mejorar la hidratación de los granos.

👁 ES BUENO SABER

La digestión de las legumbres empieza en la boca gracias a una enzima, la amilasa salival, por ello es indispensable masticarlas lentamente y bien para mejorar su tolerancia.

10. Plantas para un vientre plano

Algunas plantas reducen las fermentaciones y mejoran el bienestar intestinal. Se toman en infusión o decocción, pero algunas de ellas se utilizan también como aromatizantes. El anís estrellado, la alcaravea, el cilantro y la melisa hacen unas infusiones excelentes. Se pueden añadir a las preparaciones de cereales, verduras y frutas. Su consumo regular es una ventaja adicional por su eficacia. El enebro, el hinojo, el estragón y el eneldo son también conocidos porque facilitan la digestión y limitan la producción de gases intestinales. Finalmente, para dar sabor a los platos sin riesgo de que se produzca una mala tolerancia, no hay que olvidar el perejil, la cebolleta muy fina, el tomillo, el laurel. Son buenos sustitutos de la cebolla, el ajo y el chalote, que a menudo producen molestias digestivas.

✋ EN LA PRÁCTICA

• Añadir tomillo, laurel, cilantro, alcaravea, etc., en los caldos, las verduras, el agua de cocer los cereales, en una bolsita de tela que se sacará al terminar la cocción.
• El perejil crudo, fresco y picado fino, es siempre bien tolerado.
• Al final de cada comida se tomará una infusión antifermentación.

👁 ES BUENO SABER

Se reforzará el efecto de la tisana añadiendo un poco de miel (de romero, tomillo, etc.) y frutos rojos majados y filtrados (arándanos y otras bayas rojas antifermentación).

Una jornada con el vientre plano

Desayuno

- 1 té verde
- 2 rebanadas de pan semintegral con miel
- 1 manzana al horno
- 1 yogur casero con almendras molidas

Comida

- 1 huevo escalfado
- Arroz glutinoso y endibias braseadas
- Leche de almendras con agar-agar
- Compota de manzanas y ciruelas pequeñas
- Pan semintegral
- Infusión calmante (melisa, etc.)

Cena

- 1 tazón de sopa de miso y ciruela umeboshi
- Sémola de trigo semintegral, bolitas de garbanzos, lechuga
- Melocotón
- 1 vaso de kéfir
- Pan semintegral
- Infusión calmante (cilantro, etc.)

RECETAS CONTRA LA HINCHAZÓN DEL VIENTRE

Salsas y aderezos

▶ Crema caliente de sésamo

- 4 cucharadas soperas de tahini
- ½ litro de agua
- 2 cucharadas soperas de miso de cebada

Se diluyen el tahini y el miso añadiendo progresivamente el agua tibia. Se calienta a fuego suave removiendo a menudo. Cuando empieza a hervir se baja el fuego y se deja hirviendo a fuego lento 5 minutos hasta que la salsa se espese.

En el plato

Esta salsa se aconseja en especial para la pasta, sobre todo de alforfón, y las verduras al vapor.

👄 VARIANTE GOLOSA

Aromatizar con cilantro fresco o cualquier otra hierba fresca.

Comentario

Según el estado de los intestinos y la composición de la comida, se utilizará el tahini integral (contiene más fibra, es bueno para los casos de estreñimiento), semintegral o blanco en caso de colitis o de hinchazón del vientre.

▶ Salsa con cominos para los tomates

- Vinagre de sidra o de arroz
- Aceite de oliva
- Cilantro en grano o en polvo

Mezclar todos los ingredientes.

▶ Vinagreta de umeboshi

- Aceite de girasol
- Vinagre de umeboshi
- Unos granos de anís verde

👄 VARIANTE GOLOSA

Se puede sustituir el vinagre de umeboshi por puré de umeboshi.

Pan

▶ Chapatis (tortas sin levadura)

- 200 g de harina de trigo semintegral (para una treintena de chapatis)
- Agua tibia
- ½ cucharadita de café de sal

Se mezcla la harina y la sal. Se añade lentamente el agua tibia para obtener una masa elástica, lisa y un poco más densa que una pasta para pan. Se trabaja 10 minutos. Se deja descansar 3 horas cubierta con una tela ligeramente humedecida y a temperatura ambiente. Se vuelve a trabajar. Se forman bolitas del tamaño de una nuez, que se aplanan con las manos o con un rodillo para obtener unas tortitas de 2-3 mm de grueso y unos 8 cm de diámetro. Se calienta bien una sartén de fondo grueso. Se tienen al alcance de la mano dos varitas de madera, o en su defecto dos espátulas, o dos trozos de tela. Se coloca el chapati en la sartén seca y bien caliente, luego se presiona con las varitas, o con la tela en los dos extremos de la tortita. Esto le permitirá hincharse. Se le da la vuelta y se repite la operación por el otro lado. La cocción es muy rápida. Se comen enseguida o se guardan las tortitas envueltas en una tela para que se mantengan elásticas y calientes.

Comentario

El secreto del chapati está en hacerlo inflar. Para ello son necesarias tres condiciones: la consistencia adecuada de la masa, la sartén bien caliente y el gesto con el que se presionan los extremos.

▶ Torta sin levadura

- 200 g de harina semintegral
- 1 cucharada sopera de grasa vegetal (margarina o grasa de palma)
- ½ vaso de agua tibia
- Una pizca de sal

Se trabaja la masa con todos los ingredientes, igual que para la kessrah (un pan de sémola fina sin levadura, *véase* pág. 158), pero durante un poco más de tiempo. Se forman unas tortas del grueso de un dedo escaso y de 10 cm de diámetro. Se cuecen en una sartén seca tapada, dando vuelta a las tortas varias veces (unos 20 minutos).

👄 VARIANTE GOLOSA

Como para la kessrah se pueden variar los aromas: arañuela, sésamo, comino, alcaravea, anís o también eneldo o hinojo.

▶ Chapatis con harina de alforfón

- 150 g de harina de alforfón
- 1 huevo
- Agua
- Sal
- Aceite de oliva

Se mezclan la harina, la yema del huevo, el agua y la sal hasta obtener una masa más espesa que la de las crepes. Se mezcla delicadamente la clara batida a punto de nieve. Se engrasa ligeramente una sartén con fondo grueso. Se vierte la pasta a cucharadas de manera que se extienda para formar discos de 5-6 cm de diámetro. Se dejan dorar unos 2 minutos por cada lado.

👄 VARIANTE GOLOSA

Sin huevos pero con más aceite para la cocción se obtienen unas tortitas crujientes muy agradables. Y por qué no si el estado de nuestro intestino y la composición del resto de la comida lo permiten. En ese caso, comer verduras al vapor e ingredientes que ayuden a asimilar las grasas: rábano negro o rojo, nabos, cebolla cruda... o untar las tortitas en una salsa hecha con jengibre fresco rallado y tamari.

Comentario

La harina de alforfón produce estreñimiento, menos cuando se consume en cantidad razonable y con un acompañamiento apropiado: espinacas, puerros, una salsa espesada con kuzú... Una compota de manzanas con canela y cardamomo, espesada con kuzú y todavía tibia: una delicia con chapatis de alforfón si están crujientes. Una merienda reconfortante para una tarde de invierno.

Sopas

 ## Sopa con hojas de rábano y miso

- Las hojas de un manojo de rábanos rojos
- 1 taza de mijo cocido
- 2 cucharadas soperas de miso de arroz
- 1-2 cucharadas soperas de aceite de sésamo

Lavar y secar las hojas. Cortarlas finas y saltearlas en el aceite de sésamo removiendo durante 5 minutos. Añadir el mijo cocido, remover un minuto, luego añadir medio litro de agua fría. Cuando rompa a hervir se baja la llama y se deja cocer durante 10 minutos. Desleír el miso en una taza de caldo caliente, se añade a la cazuela y se apaga el fuego. Se deja reposar unos minutos para que el miso se mezcle. Se sirve bien caliente.

Sopa de arroz con acedera

- 100 g de arroz redondo semintegral
- 1 cebolla
- 2 zanahorias
- 1 nabo
- 1 manojo pequeño de acedera (unos 100 g)
- Aceite

Se pone en remojo el arroz con dos horas de antelación en el agua fría, o cuando se empieza a preparar la comida en agua caliente. Se cortan las verduras: la cebolla en láminas, las zanahorias y el nabo en palitos de 3 a 4 cm, la acedera en tiras del mismo largo. Se calienta un poco de aceite en una cacerola, y se saltean las verduras durante un minuto. Se echa el arroz bien escurrido sobre las verduras y se sigue removiendo 2 o 3 minutos más. Se echa medio litro de agua fría, se lleva a ebullición y se hace cocer durante 10 minutos. Se añade otro medio litro de agua fría. Cocer hasta que la consistencia sea tierna.

Primeros platos y ensaladas

▶ ## Calabaza «butternut» cruda con yogur de oveja

- 1 calabaza «butternut»
- 1 yogur de oveja
- Aceite de oliva
- jengibre fresco

Se pela un trozo de calabaza y se ralla con el rallador grande. Se sala ligeramente y se deja reposar 15 minutos. Se sirve con una salsa hecha con yogur de oveja, aceite de oliva y jengibre fresco rallado.

🍴 CONSEJO SALUD

La calabaza «butternut», como todas las calabazas almizcladas (almizclada de Provenza, calabaza de Nápoles, larga de Niza, azucarada del Berry, etc.) se pueden comer crudas ralladas. La «butternut» es especialmente rica en vitamina A y calcio.

▶ ## Zanahorias con anís verde

- 3 zanahorias medianas
- ½ cucharadita de café de anís verde en polvo
- Zumo de 1 limón
- Sal
- Aceite de girasol

Se pelan las zanahorias, se rallan y se aderezan con el resto de ingredientes. El zumo de limón puede ser sustituido por vinagre de arroz o de sidra.

● VARIANTE GOLOSA

Utilizar alcaravea en polvo en lugar del anís, pero en menor cantidad.

● CONSEJO SALUD

En caso de colitis, se cortan las zanahorias en rodajas finas o en juliana, se escaldan y se dejan enfriar (*véase* la receta de base para las verduras escaldadas).

▶ Ramas de apio con mayonesa

- Corazones de apio en ramas
- Zumo de 1 limón
- Mayonesa con crema de almendras (*véase* pág. 35)
- Perejil picado
- Sal

Se escogen los corazones más tiernos de apios pequeños. Se cortan en lonchas finas, se disponen en una fuente y se rocían con el zumo de limón. Se añade la mayonesa al apio, se mezcla, se espolvorea con el perejil picado y se deja reposar al fresco varias horas antes de servir.

● VARIANTE GOLOSA

Se puede utilizar apio nabo cortado en finas láminas o en daditos, se escalda en agua hirviendo unos 3-4 minutos y se deja enfriar. El apio nabo crudo es indigesto.

El apio es especialmente rico en minerales y en oligoelementos raros. Sus fibras facilitan la digestión y favorecen el equilibrio nutricional.

▶ Achicoria con remolacha

- 1 achicoria (escarola o rizada)
- 1 remolacha roja cruda mediana
- 1 cucharadita de café de miso de arroz
- 1 cucharada sopera de vinagre de arroz o de sidra
- 2 cucharadas soperas de aceite de girasol
- Perifollo o perejil liso (más suave que el rizado)

Limpiar y lavar la ensalada y cortarla a tiras. Pelar y rallar la remolacha con el rallador grueso, mezclar con la achicoria. Aderezo: se mezcla el miso, el vinagre y el aceite. Rectificar de sal (no se olvide: el miso ya está salado). Se mezcla todo y se espolvorea con hierbas.

▶ Lechuga romana con tofu caliente

- Un rebanada de tofu de 1 cm de grueso por persona
- 2 cucharadas soperas de tamari
- Aceite de oliva
- Tomillo
- Lechuga romana

Se desmenuza el tofu toscamente. Se rocía con dos cucharadas soperas de tamari. Se espolvorea con tres pizcas de tomillo. Se deja reposar unos 10 minutos. En una sartén se calienta un poco de aceite de oliva y se saltea el tofu durante unos minutos. Se escogen las hojas medianas de la lechuga, con sus tallos y se coloca una cucharada de tofu en cada una. Se sirve inmediatamente.

▶ Ensaladas de verduras escaldadas

Se puede hacer todo tipo de ensaladas con verduras escaldadas, mientras se conserva la sensación de la verdura cruda crujiendo bajo los dientes. Ésta es la manera de proceder para que las verduras se mantengan crujientes. Se escogerá una o más verduras: zanahorias, puerros, apio nabo, diente de león, hinojo, hojas de hortalizas, judías verdes, nabos... Se cortan finamente en rodajas, medias lunas, tiras, palitos, dados, etc. Se hace hervir un litro de agua con una pizca de sal. Se sumerge cada verdura por separado y se deja cocer entre 1 y 3 minutos, según su consistencia. (Se puede utilizar la misma agua para todas las verduras.) Se escurre y se vuelve a empezar con la verdura siguiente. Se sirven las verduras enfriadas (fuera de la nevera), por separado o combinadas, en ensalada con el aderezo que se prefiera. El agua de cocción se podrá utilizar para una sopa, pero ¡sólo si las verduras son biológicas! o tomarse como caldo con un poco de shoyu, de tamari o de miso. Para el aliño se procede como para las ensaladas crudas.

▶ Hinojo con queso de cabra fresco

- 100 g de queso de cabra fresco escurrido
- Hinojos (uno o medio por persona según el tamaño)
- 3 tomates
- 2 chalotes
- ½ manojo de cebolleta
- 1 cucharada de café de semillas de hinojo
- Sal, pimienta de Sichuan o pimienta negra
- Aceite de oliva

Se quitan las hojas duras del hinojo, dejándolo entero si es pequeño o cortado en dos en el sentido de la altura si es grande. Se coloca en un recipiente para cocer al vapor, espolvoreado con sal gruesa. Se comprueba la cocción con la punta de un cuchillo. Cuando éste pasa sin forzar se retira del fuego. El hinojo no ha de estar demasiado cocido. Se guarda al calor. Se escaldan los tomates, se pasan por agua fría y se pelan. Se les quita las semillas y se cortan en dados. Se tuestan las semillas de hinojo. Se desmenuza el queso de cabra escurrido y se mezcla con los chalotes cortados finamente, la cebolleta cortada, las semillas de hinojo tostadas, la sal y la pimienta. Al final se mezclan delicadamente los dados de tomate. Se coloca una cucharada de la mezcla en cada hoja de hinojo.

En el plato

Se sirve como primero o acompañando un cereal o patatas. Una delicia con boniatos cocidos al vapor por la hermosa mezcla de colores.

Consejo de cocina

Si se puede utilizar la pimienta de Sichuan tal como está, desarrollará mejor su aroma si se tuesta. Por el contrario, la pimienta negra no se ha de tostar.

▶ Jalea de algas con tofu

- 2 cucharadas soperas de wakame en escamas
- 120 g de tofu fresco
- 1 bolsita de agar-agar (o una cucharadita de café rasa)
- Una pizca de menta seca (opcional)
- 2 cucharadas soperas de tamari

Se corta el tofu en láminas de 2 a 3 cm de grueso y 1 cm de ancho. Se pone a cocer en medio litro de agua. Se añaden las algas y el tamari. Se diluye el agar-agar en un poco de agua y se echa en el caldo. Se añade una pizca de menta, y sal al gusto. Se hace hervir. Se vierte en un molde hondo de modo que la preparación tenga 2 cm de grueso. Se deja enfriar. Se corta en cuadrados o rectángulos pequeños o grandes y se sirve fresco.

👄 VARIANTE GOLOSA

La misma preparación se puede presentar como una sopa caliente si la espesamos con arruruz o kuzú.

Comentario

La menta disimula un poco el sabor del alga. Es útil para familiarizarse con las algas y para aquellos a los que no les gusta el sabor a mar.

▶ Paté con miso

- 2 cucharadas soperas de miso de arroz
- 4 cucharadas soperas de tahini integral
- Sal
- Un puñado de una mezcla de finas hierbas compuestas por: perejil, cebolleta, estragón

Diluir el miso y el tahini en dos vasos de agua tibia. Mezclar bien para obtener una crema con la consistencia de una masa para crepes. Si hace falta se añade una pizca de sal, las hierbas picadas muy finas, y se hace hervir. Se baja el fuego y se deja cocer durante unos 10 minutos removiendo a menudo hasta que la crema se espese. Se vierte en un molde para cake y se cuece en el horno a temperatura de 180 °C durante 30-35 minutos. La superficie se volverá marrón y seca.

En el plato

Se unta sobre tostadas o se utiliza como relleno de bocadillos para un picnic o en los viajes. Se puede servir también como primer plato cortado en rodajas y acompañado de una ensalada de lechuga o de canónigos.

◥ VARIANTE GOLOSA

- Cocido en una fuente rectangular para pasteles (superficie grande y poco espesor, doblar la cantidad), este paté de superficie crujiente se comerá muy caliente.
- Cocido en un molde para pasteles (menos superficie, más grosor y, por consiguiente, más tierno), es mejor frío, cortado en rodajas, como primer plato o para untar en tostadas.

Comentario

Este paté se guarda fácilmente una semana.

▶ Ensalada de judías azuki

- 2 tazas de judías azuki cocidas
- 1 tomate grande bien maduro
- ½ manojo de perejil liso
- Zumo de 1 limón
- Aceite de oliva
- 1 cucharadita de café de comino
- 3 dientes de ajo (opcional)

Se colocan las judías en una fuente. Se sazonan con zumo de limón, sal, comino, y si se quiere, el ajo majado. Se colocan encima los tomates cortados en daditos (en caso de colitis, se quitará la piel de los tomates). Se espolvorea con perejil picado y se rocía con aceite de oliva.

En el plato

Esta ensalada se come como primero acompañada de rábanos rojos, cebolla cruda, hojas de lechuga romana.

Comentario

En Oriente se preparan las lentejas y los garbanzos de este modo y se comen fríos o calientes como plato principal, completando cada bocado con pan pita o con hojas de ensalada.

Cereales y legumbres

▶ Arroz con hojas de zanahoria

- 1 taza de arroz semintegral
- Unas hojas de zanahoria
- Aceite de sésamo

Se saltea el arroz durante unos minutos en un poco de aceite de sésamo. Se añaden las hojas cortadas finas. Se añade dos volúmenes y medio de agua fría, se hace hervir, se tapa y se deja cocer a fuego muy bajo.

Comentario

Utilizo las hojas de zanahoria par variar el gusto del arroz y siguiendo la lógica de no tirar nada. Estas hojas tienen un sabor muy aromático y una presencia fuerte. Este arroz se servirá acompañado de sabores más suaves: una salsa besamel con almendras, unas zanahorias al vapor, etc.

▶ Puré de azukis con eneldo

- 250 g de judías azuki
- 6 cm de algas kombu
- 5 cucharadas soperas de tahini
- Zumo de 1 limón
- Semillas de eneldo, cúrcuma, sal (½ cucharadita de café de cada)

Cocer las azukis según la receta del «paté de judías azuki» (pág. 49). Se escurren y se guarda el agua de la cocción. Se pasan las azukis por la batidora con el resto de los ingredientes. Si hace falta se añade un poco del caldo de la cocción. El resultado debería ser un puré espeso.

En el plato

• Según la estación se sirve frío o caliente con cereales o verduras al vapor. Como primer plato, se sirve una bola en el centro del plato con una corona de zanahorias ralladas alrededor y hojas de lechuga romana puestas en abanico para realzar el color.

• Sobre una rebanada de pan o una tortita de arroz para la merienda o en un picnic.

👄 VARIANTE GOLOSA

1. La misma receta, pero sustituyendo las judías azuki por lentejas verdes.
2. Colocar la preparación en una fuente de barro redonda. Se hace un hueco en el medio donde se depositará una sartenada de verduras, posiblemente de colores contrastantes, y aromatizadas con alcaravea. Se cuece en el horno a temperatura media durante 30-40 minutos o, si se tiene prisa, a mayor temperatura durante unos 20 minutos. Puesto que todos los ingredientes ya están cocidos, también podemos conformarnos con gratinar solamente.

Comentario

Para esta receta he escogido el puré de sésamo blanco, más ligero y menos amargo que el integral. La cúrcuma se pone por sus propiedades de antiséptico digestivo y por su hermoso color. De sabor amargo, se ha de evitar la cúrcuma si se utiliza el tahini integral.

▶ Pakora (tortas de harina de garbanzos)

• 250 g de harina de garbanzos
• 4 zanahorias medianas

- 1 cucharadita de café de curry
- 1 cucharadita de café de comino
- ½ cucharadita de café de jengibre (opcional)
- Una pizca pequeña de guindilla
- Sal
- 1 cucharada sopera de levadura alimentaria en copos, o ½ cucharadita de café de levadura en polvo
- Aceite para freír o grasa de palma
- Agua

Se rallan las zanahorias y se ponen crudas en un barreño. Se añade la harina de garbanzos, la sal, la levadura y todas las especias. Se vierte lentamente agua fría hasta conseguir una masa más densa que la de las crepes. Se calienta bien una sartén de fondo grueso y se recubre de aceite. Se echa la masa preparada con un cucharón y se extiende de manera que se obtenga una torta de 6 cm de diámetro y ½ cm de grosor. Se dora bien por ambos lados girando la torta varias veces.

En el plato

Esta deliciosa torta se come bien caliente acompañada de ensalada verde o de otra crudité. Para una comida más equilibrada con combinación de cereales y legumbres, se puede acompañar de un tabulé libanés que está hecho con bulgur (trigo triturado) y mucho tomate y perejil.

Consejo

La pakora se guarda fácilmente en la nevera hasta tres días. Se calienta en una sartén seca, en el horno, o incluso mejor al vapor.

👄 **VARIANTE GOLOSA**

Se puede preparar la pakora con otras verduras (cebollas, berenjenas, bróculi, coliflor, etc.). Mi mezcla preferida es de zanahorias y cebolla.

Comentarios

• El garbanzo es muy rico en proteínas (18 a 20% de su peso), en calcio (tanto como un queso blanco o un camembert), en vitaminas C y B_1.

• La calidad biológica de los garbanzos, así como la presencia del comino, los hace más digeribles.

• Esta torta es tan buena que se corre el riesgo de ceder a la gula y llegar a la conclusión de que: « ¡no digiero los garbanzos!»... Dos tortas serán suficientes para una comida...

Verduras

▶ Chucrut vegetariano al vapor

- 800 g de chucrut
- 2 boniatos
- 8-10 bayas de enebro

Acompañamiento
- Salchicha de tofu: 1 por persona
- 1 zanahoria pequeña por persona
- Aceite de sésamo
- Harina de trigo

En la cesta para cocinar al vapor se coloca el chucrut y las bayas de ene-bro. Se pelan y se cortan los boniatos en gruesas lonchas en el sentido de la longitud. A media cocción del chucrut (unos 25 minutos), se colocan los boniatos sobre el chucrut y se continúa la cocción hasta que estén tiernos. Por separado se cuecen las zanahorias enteras aparte al vapor.

Acompañamiento

Se enharinan las salchichas de una en una con la harina de trigo y se doran en la sartén con el aceite de sésamo. Se repite la operación con las zanahorias. Se sirven sobre el chucrut.

Si no se tienen salchichas de tofu, se coge tofu ahumado (o tempeh) cortado en tiras de 2 cm de ancho y 5 cm de largo, que se cuecen al vapor encima del chucrut al mismo tiempo que los boniatos.

▶ ## Pencas de acelgas con sésamo

- 500 g de pencas de acelgas
- 2 limones
- 5 cucharadas soperas de tahini
- 3 dientes de ajo
- ½ manojo de perejil liso
- ½ l aproximado de agua
- Sal

Se separan las pencas de las hojas de las acelgas. Se eliminan los hilos si los hubiere. Se cortan en trozos regulares de 1 cm aproximado. Se cuecen al vapor enseguida después de cortarlas para evitar que ennegrezcan. Se dejan enfriar. Se prepara una salsa espesa mezclando el tahini, el zumo de los limones, la sal, los dientes de ajo majados finos y el agua. Se añaden las acelgas y se deja reposar unas horas en la nevera. Antes de servir, se espolvorea con perejil picado fino.

En el plato

Este primer plato se servirá con tostadas y una ensalada verde.

Comentario

Este plato es originario del Líbano, y a menudo está entre los *mezzé* (pequeñas porciones servidas como aperitivo, como las tapas españolas). Con frecuencia está decorado con granos de granada. ¡Que maravilla de combinación de colores: el blanco, el verde y el rojo de la granada!

▶ Tortas de calabacín con comino

- 4 calabacines medianos
- 4 huevos
- 1 cucharada sopera de aceite de sésamo
- Dos pizcas de comino en grano
- Dos pizcas de menta seca
- 1 cucharada sopera de arruruz

Se rallan burdamente los calabacines. Se rompen los huevos y se baten ligeramente. Se añade el arruruz, el comino y la menta. Se añade el calabacín rallado. Se sala. Se echan cucharadas de la mezcla en una sartén y se cuecen por los dos lados, como una tortilla gruesa, dándoles la vuelta varias veces.

👄 VARIANTE GOLOSA (MÁS LIGERA)

Se cuecen al vapor los calabacines rallados burdamente y espolvoreados con comino. Se mezcla arruruz o kuzú con el jugo de la cocción y se echa sobre los calabacines. Se sazona con dos cucharadas soperas de tamari. Se sirve con mijo, arroz integral o quinoa.

▶ Zanahorias gratinadas a las finas hierbas (muy aromáticas)

- 800 g de zanahorias
- 1 manojo pequeño de perejil
- 1 manojo pequeño de cebolleta
- 1 huevo
- 1 limón
- 200 g de crema de soja
- 2 cucharadas soperas de puré de almendras
- Una pizca de macis o de nuez moscada
- Una pizca de comino en polvo
- Una pizca de alcaravea en grano

- Queso parmesano (opcional)
- Sal

Se cuecen al vapor las zanahorias peladas o raspadas y cortadas en rodajas finas. Se prepara el gratinado mezclando la yema, la crema de soja, el puré de almendras, el zumo de limón y un vaso del jugo de cocer las zanahorias. Se añaden las especias y las hierbas bien picadas. Se pone sal. Se colocan las zanahorias en un molde para gratinar engrasado con antelación, y se recubren con esta salsa cremosa. Se espolvorean con queso parmesano y se cuecen en el horno caliente a 210°C durante 30 minutos. Se puede sustituir el parmesano por levadura alimentaria.

♟ CONSEJO SALUD

La zanahoria regula el tránsito intestinal y asegura una aportación de provitamina A.

▶ Puré de apio y manzanas

- 1 apio nabo mediano
- 4 manzanas ácidas
- 1 vaso de leche de almendras
- 100 g de queso feta
- Nuez moscada
- Pimienta
- Sal

Se pela y se corta el apio nabo en trozos y se pone en una cesta para cocerlo al vapor. Se pelan las manzanas y se cortan en cuatro trozos. Se añaden al apio pasados 6 minutos y se sigue cociendo hasta que todo esté tierno. Se escurre bien y se pasa por la batidora o por el pasaverduras. Se añade un vasito de leche de almendras para suavizar el puré. Se vierte en un molde para soufflés untado, se añaden unos dados de queso feta por encima y se hace gratinar unos minutos bajo el grill del horno, vigilando que el puré no se queme.

Se puede hacer con solo el puré, sin el queso feta. Es muy delicado, se puede comer en una crepe de alforfón.

▶ Puré de calabaza «potimarrón» con copos de quinoa

- 1 calabaza mediana
- 6 cucharadas soperas de copos de quinoa
- 1 cucharadita de café de alcaravea en grano

Se corta la calabaza en tiras sin pelarla, se quitan las semillas, y se cuece al vapor, espolvoreada con las semillas de alcaravea. Se pasa por la batidora. Se pone en una fuente honda, se añaden los copos de quinoa, se tapa y se deja inflar 5 minutos antes de servir. Se añadirá un poco de agua de la cocción si resultara demasiado espesa.

Comentario
Ésta es una manera muy agradable de comer la quinoa, sobre todo para los niños.

▶ Tofu con lechuga de mar fresca

- 200 g de tofu
- 50 g de lechuga de mar fresca
- ½ cucharada sopera de aceite de girasol
- 1 cucharada sopera de tamari

Se pone la lechuga de mar en agua fresca durante 5 minutos. Se remueve el alga para disolver la sal, se escurre y se tira el agua. Se repite la operación, lo que permite acabar de quitar la sal del alga y eliminar cualquier resto de arena. Se calienta el aceite en una sartén. Se corta el tofu en trozos de medio centímetro de grueso y se hacen dorar por los dos lados. Se corta el alga toscamente y se extiende sobre el tofu, se añade el tamari y un vaso agua. Se tapa y se deja cocer 5 minutos más. Se mezcla y se deja evaporar el exceso de líquido.

🗣 CONSEJO SALUD

Las algas son laxantes, ricas en oligoelementos y en proteínas, y sobre todo son desintoxicantes por la capacidad de sus mucílagos «de combinarse con los metales pesados, residuos de pesticidas e incluso sustancias radioactivas, volviéndolas insolubles y arrastrándolas fuera del cuerpo por vía intestinal» (H. Magarinos).

▶ Tomates rellenos de tofu

- 1 tomate grande por persona
- 200 g de tofu natural
- 1 manojo de perejil
- 3-4 dientes de ajo
- Dos pizcas de comino en grano
- Aceite de oliva

Se escogerán tomates redondos de pulpa gruesa. Se corta la parte superior, quitando un buen centímetro alrededor del pedúnculo y se reserva. Se vacía la pulpa con la ayuda de una cucharita, cuidando de no atravesar el tomate. Se guarda el jugo. Se desmenuza el tofu con la ayuda de un tenedor. Se corta la pulpa de los tomates en dados iguales.

Se mezcla el tofu, la pulpa cortada, el perejil picado, el ajo majado y el comino. Se pone sal. Se rellenan los tomates y, finalmente, se tapan con el sombrero que se les había quitado. Se calienta un poco de aceite en una sartén de tamaño apropiado a la cantidad de tomates, y se colocan de manera que se aguanten los unos con los otros.

Se cuecen con la sartén destapada durante 5 minutos, luego se tapan y se dejan hacer a fuego bajo durante unos 10 minutos. Se destapa la sartén y se deja reducir el exceso de líquido que hayan soltado. Si hiciera falta, se añadirá el jugo fresco que se había reservado.

Al momento de servir se quitará el sombrero, se rociará el relleno con un poco del jugo de la cocción y el aceite, y se volverá a poner el sombrero.

👄 VARIANTE GOLOSA

Esta preparación queda todavía más sabrosa con tofu ahumado.

Postres

▶ Crema con cardamomo (como el ferni afgano)

- 1 l de leche de arroz
- 4 cucharadas soperas de crema de arroz
- 4 cucharadas soperas de azúcar
- ½ cucharadita de café de cardamomo molido
- La cáscara de ½ limón
- Agua de rosas

Se diluye la crema de arroz en una taza de leche de arroz fría, sacada del litro previsto. El resto de la leche se pone a calentar. Se añade el azúcar y la cáscara del medio limón rallada fina. Cuando la leche de arroz empieza a hervir, se vierte en la cazuela la crema de arroz diluida. Se remueve continuamente hasta que vuelva a hervir y se deja cocer otros 5 minutos a fuego suave. Se retira del fuego y se añade el agua de rosas y el cardamomo. Se vierte esta crema suave en cuencos individuales y se deja enfriar. Con esto la crema espesará.

Comentario

Esta crema dulce y perfumada se come caliente o fría. En Afganistán se hace con leche de vaca y se llama ferni. En invierno se come caliente, servida con piñones, pistachos y nueces.

▶ Delicia de algarroba (sin azúcar)

- 3 cucharadas soperas de algarroba molida
- 1 cucharadita de café de canela
- ¼ de cucharadita de café de nuez moscada
- ½ cucharadita de café de café de cereales
- 3 vasos de leche de almendras
- 1 bolsita de 2 g de agar-agar
- 1 cucharada sopera de copos de 5 cereales
- 4 o 5 dátiles
- 1 cm de jengibre fresco
- Una pizca de sal
- Almendras fileteadas
- Cáscara de media naranja o 2 gotas de aceite esencial de naranja

Se cortan los dátiles en trocitos. Se tuestan los copos de cereales. Se tuestan las almendra fileteadas. En una cacerola se diluye la algarroba molida con un vaso de agua. Se añade la canela, la nuez moscada, el jengibre rallado fino (una cucharadita de café), el café de cereales, los dátiles cortados en daditos y la cáscara de naranja rallada. En esta mezcla se vierten dos vasos de leche de almendras y un vaso de agua (en total medio litro de líquido) así como el agar-agar en polvo. Se lleva a ebullición y se deja hervir un minuto, el tiempo de que el agar-agar se disuelva. Se añaden los copos de cereales. Se deja reposar fuera del fuego de 3 a 4 minutos, luego se vierte en cuencos individuales. Se decora con las almendras fileteadas y se deja enfriar.

Comentario
Si se prepara el día anterior este postre tendrá aún mejor sabor.

▶ Flan con agua de rosas
Ingredientes para 8-9 porciones de 100 g.

- 1 l de leche
- 4 cucharadas soperas de azúcar

- 4 cucharadas soperas de maicena
- La cáscara de ½ limón
- 1 cucharada sopera de agua de rosas
- 100 g de pistachos verdes
- Mermelada de rosas

Se separan 2 dl de leche. El resto se pone a calentar y se le añade el azúcar y la cáscara de limón rallada fina. Se diluye la maicena en la leche fría y se vierte en la cacerola cuando empieza a hervir. Se mueve constantemente hasta que vuelva a arrancar el hervor y se deja cocer 5 minutos a fuego suave. Hay que ir con cuidado, ya que la mezcla se quema fácilmente en el fondo de la cacerola. Se retira del fuego y se añade el agua de rosas. La consistencia es espesa aunque fluida, pero al enfriarse la crema se endurecerá. Se vierte enseguida en cuencos individuales más anchos que hondos y se guarda en la nevera entre 2 y 4 horas. Se espolvorea generosamente con pistachos verdes, sin llegar a cubrir todo el flan y se pone un poquito de mermelada de rosas en el centro (se necesita poca porque el sabor es concentrado).

Comentario

Este flan se come muy fresco, ya que el frío permite que se desarrolle el perfume de rosa. Se conserva dos o tres días en la nevera, bien tapado para que su delicado aroma no se mezcle con otros olores.

▶ **Pastel de plátanos con cardamomo (sin gluten)**

- 300 g de harina de arroz
- 4 huevos
- 1,5 dl de aceite de girasol desodorizado o aceite de oliva
- 1 bolsita de levadura en polvo
- 100 g de azúcar
- 2-3 plátanos bien maduros
- 1 cucharadita de café de cardamomo en polvo
- Un puñado de pipas de girasol

Se cortan los plátanos por la mitad y luego en pequeños trozos de ½ cm de grueso. Se baten los huevos con el azúcar, se añade la levadura, el aceite, el cardamomo, las pipas de girasol y finalmente la harina. Se mezcla con cuidado y por último se añaden los plátanos cortados. Se vierte en un molde de 35 x 15 cm y se cuece 35 minutos en el horno a 180 °C.

👄 VARIANTE GOLOSA

Se utilizan plátanos secos remojados durante 10 minutos en agua tibia. Se añade una pizca de sal.

Comentario

El plátano es una fruta muy nutritiva, y fortalece los sistemas óseo y nervioso. Se utiliza en pediatría contra la diarrea (C. Belou). «Es digerible a condición de que se coma bien maduro, y no madurado por medios artificiales» (J. Valnet).

A propósito del secado

Un buen secado se ha de efectuar a una temperatura suave (entre 30 y 50 °C), en un deshidratador eléctrico por ventilación, en un horno solar o simplemente en un horno normal. En estas condiciones las frutas y las verduras conservan toda su vitalidad. «Según el método utilizado, la actividad enzimática se ralentiza y se mantienen la mayoría de los nutrientes» (J.P. Cousin). El alimento permanece vivo y su sabor incluso se acentúa.

▶ Pastel suave con zanahorias (sin gluten y sin azúcar)

- 4 huevos
- 300 g de zanahorias ralladas
- 200 g de harina de arroz
- 1,5 dl de aceite de girasol desodorizado o aceite de oliva

- 1,5 dl de leche de almendras
- 3 cucharadas soperas de sirope de ágave
- ½ cucharadita de café de alcaravea en polvo
- 1 bolsita de levadura
- Un puñado pequeño de piñones
- Un puñado pequeño de pasas

Se lavan las pasas y se ponen en remojo en agua tibia. Se pelan y se rallan las zanahorias. Se baten los huevos enteros, se añade el aceite, el sirope de ágave, la leche de almendras, la levadura, la alcaravea los piñones y las pasas escurridas, las zanahorias y finalmente la harina. Se mezcla todo bien y se coloca en un molde engrasado. Se cuece en horno precalentado a una temperatura de 180 °C durante 40 minutos.

😋 VARIANTE GOLOSA

Sustituir la alcaravea por el cardamomo o la canela y las zanahorias por manzanas.

▶ Karavia

- 1 vaso de crema de arroz
- 4 vasos de leche de almendras
- 1 cucharada sopera de alcaravea en polvo
- ¼ de cucharada sopera de canela
- 2 cucharadas soperas de azúcar de caña integral
- 1 tortita de arroz (o de quinoa soplada o de amaranto soplado)

Se diluye la crema de arroz en la leche de almendras. Se lleva todo a ebullición mientras se le da vueltas continuamente. Se añade el azúcar y las especias. Se remueve a fuego bajo hasta que espese. Se deja cocer aún 3-4 minutos a fuego muy bajo. Se vierte esta crema en cuencos individuales. Se espolvorea con torta de arroz desmigajada (está deliciosa también con quinoa o con amaranto soplado). Se come tibia o fría, según la estación.

Comentarios

1. La crema de arroz es harina de arroz precocida. Se puede utilizar harina de arroz, pero entonces la crema habrá de cocer más tiempo (10 minutos).

2. Esta crema muy digerible y aromática tiene su origen en el Próximo Oriente. Es la alcaravea la que le da su personalidad, y si se quiere se puede aumentar la cantidad.

♟ CONSEJO SALUD

Si no hay problemas de colitis o de hinchazón del vientre, se pueden añadir nueces a la crema y espolvorearla con piñones tostados.

Bebidas

▶ Tisana para un vientre plano

Se pone a calentar una taza de agua tan pura como sea posible. Se apaga el fuego cuando empieza a hervir y se añaden dos pizcas de semillas de hinojo. Se tapa. Se deja en infusión de 5 a 8 minutos. Se bebe bien caliente, si es posible sin endulzar. Una taza después de la comida o de la cena.

▶ Kéfir

Bebida burbujeante lactofermentada utilizando el fermento para el kéfir y con frutos secos.

Preparación

- 2 litros de agua lo más pura posible
- 7-8 cucharadas soperas de granos de kéfir
- 125 g de azúcar biológico
- 2 higos secos o frescos
- 1 limón

Se corta el limón y los higos en dos, se colocan en un recipiente de vidrio o de barro junto con los granos de kéfir. Se añade el agua y el azúcar, se cubre con un tul y se deja macerar tres días a temperatura ambiente. Pasado ese tiempo se saca la fruta, se filtra el líquido y se exprime el limón en el líquido. El higo puede ser reutilizado para un plato cocinado. Se pone el líquido en botellas herméticas y se deja reposar tres días antes de utilizarlo. Se puede jugar con la cantidad y variedad de frutas, el azúcar y el tiempo de fermentación para adaptar el kéfir al propio gusto.

Cuidado

Lo mismo que con la sidra, no hay que sacudir la botella antes de abrirla.

Comentario

Los granos de kéfir se guardan en tarro con doble cantidad de agua y tres cucharadas soperas de azúcar, que se cambiará regularmente cada tres y seis días según la época. Los granos se reproducen muy deprisa. Con objeto de parar la fermentación, se pondrán los granos en la nevera, ya que el frío pone los granos en reposo.

Esta receta, así como la del kombucha, me la ha facilitado mi amiga Anne-Claire, que no ha dudado en enviarme los granos de kéfir por correo. De esta manera, yo puedo a mi vez dárselos a quien me los pida.

▶ Kuzú con umeboshi

Esta bebida refuerza la digestión y combate la fatiga general. Es muy efectiva en el caso de diarrea y resfriados.

Preparación

Se pone una cucharadita de café de kuzú en un poco de agua fría. Se deja reposar un minuto antes de diluirlo. Se maja una ciruela umeboshi en un cuarto de litro de agua fría (o se diluye media cucharadita de café de puré de umeboshi) y se pone al fuego. Cuando el agua hierve se echa el kuzú. La preparación se vuelve lechosa. Removemos continuamente y la dejamos hervir de 2 a 3 minutos, mientras se espesa y se vuelve transparente. Se puede añadir un poco de tamari o preparar kuzú con tamari, sin ciruela. Se bebe bien caliente. Cada caul ha de encontrar la consistencia y el sabor que más le gusta, utilizando más o menos kuzú y tamari. Cuidado con no salar demasiado.

▶ Té de «tres años» con umeboshi

Refuerza la digestión y la circulación. Se vierte el té bancha sobre media ciruela umeboshi majada, se añade una gota de tamari. Se bebe bien caliente.

TERCERA PARTE

COLITIS

¿Qué se entiende por «colitis», colon irritable, etc.?

Colitis, colon irritable, colopatía funcional, problemas intestinales funcionales... estos términos señalan unas manifestaciones intestinales que a menudo son dolorosas, y a veces van acompañadas de molestias de tránsito (alternancia de diarreas y estreñimiento). Para aquellos que las padecen, lo más molesto es el dolor. Tanto si está localizado (un «punto» en el bajo vientre) o si es más difuso, de intensidad variable, a menudo es angustioso, ya que es imprevisible y difícil de calmar. Hay que remarcar que se trata de una dolencia crónica, que dura en el tiempo, con períodos agudos y períodos más «calmos». Los exámenes practicados en general no muestran nada de anormal: por ello se habla de molestias «funcionales»: no aparece ninguna lesión en los tejidos, ninguna disfunción importante.

Estas molestias afectan a muchos millones de personas en Francia y en el mundo occidental en general, y hay que reconocer que los tratamientos médicos convencionales tienen efectos muy limitados. El estrés, la falta de actividad física y determinadas características del perfil psicológico favorecen la aparición de los síntomas. Los afectados por colitis son a menudo personas poco extrovertidas, que se angustian fácilmente, siempre bajo presión... un estado que ellas mismas fomentan y del cual tienen dificultad para liberarse. Algunos factores pueden agravar estas molestias digestivas. El consumo abusivo de crudités y de cereales integrales, que se encuentra a menudo entre las mujeres que creen actuar correctamente aumentando su consumo de vegetales, mantiene la irritación de la mucosa cólica y favorece las fermentaciones y la aceleración del tránsito. Igualmente, el exceso de especias, de platos demasiado fuertes, además de alimentos fritos o demasiado grasos, ataca el sistema digestivo y favorece la irritación.

Por otra parte, muchas personas que sufren del colon, tienden a reducir de manera draconiana la variedad de los alimentos que consumen. El miedo a sentirse mal, a no soportar este o aquel alimento, las lleva a desequilibrar totalmente su alimentación, suprimiendo numerosos productos. Lo importante es, pues, escoger mejor los alimentos, variando los menús en la medida de lo posible.

Finalmente, si es aconsejable adoptar medidas dietéticas para aliviar las colitis, hay que saber que esto no siempre es suficiente: son también indispensables la relajación y una mejor higiene de vida diaria.

Cómo controlar las colitis

Los principios alimentarios que se pueden establecer para mejorar las molestias dolorosas del colon y reequilibrar el tránsito son, en primer lugar, consejos de sentido común. Se trata de hacer descansar un colon estresado, comiendo alimentos calmantes y limitando toda fuente de irritación.

1. Comer con tranquilidad y con horarios regulares

Hoy día, atrapados por las ocupaciones diarias, tomamos la comidas demasiado deprisa, a veces sin hacer una verdadera pausa. Hay que intentar reservar un tiempo para las comidas (por lo menos entre 15 y 20 minutos), en el cual nos dedicaremos exclusivamente a eso: sentarnos de verdad a la mesa, apagando los teléfonos, la televisión, etc. En la medida de lo posible, hay que intentar comer a horas fijas, para regular la actividad del sistema digestivo.

2. Masticar correctamente

Hay que tomarse el tiempo necesario para masticar los alimentos: la digestión empieza en la boca y los alimentos han de llegar al estómago en forma de un puré espeso y no en grandes trozos. Seguro que ya ha sucedido: una comida tragada con prisas acarrea indefectiblemente dolores y una pesadez en el estómago durante la hora siguiente. No hay que exigirle esfuerzos inútiles a nuestro tubo digestivo extenuado: le facilitaremos el trabajo si hacemos comidas ligeras y las masticamos perfectamente.

3. Cuidar la flora intestinal

Una flora desequilibrada o escasa favorecerá las fermentaciones y el desarrollo de las bacterias indeseables. Como en todas las patologías intestinales benignas (estreñimiento, hinchazón del vientre), es importante restablecer y mantener la flora del colon. Las «leches» fermentadas (preferiblemente vegetales para evitar la lactosa) permiten mantener la flora y mejoran las defensas naturales del organismo. También por esta razón es importante mantener una buena aportación de fruta, verdura y cereales semintegrales, cuyas fibras suaves también contribuyen al desarrollo de esta flora.

4. Escoger alimentos «calmantes»

Consumir vegetales en grandes cantidades puede favorecer que se presenten las colitis: sus fibras, y determinadas sustancias vegetales (moléculas azufradas, taninos, etc.) a veces son irritantes para una mucosa sensible.

Así pues, es importante en el día a día escoger los alimentos que no causen irritaciones: determinadas verduras, preferiblemente cocidas (calabacín, zanahorias, etc.), los cereales de fibra dulce (avena, sémolas y harinas semintegrales, arroz, etc.), y la fruta de temporada bien madura (manzanas, melocotones, peras...). La cocción se hará sin grasas (al vapor, estofada), añadiendo una puntita de mantequilla o un chorrito de aceite crudo al momento de servir. Determinadas plantas tienen virtudes antiespasmódicas, como el hinojo, y se aconseja consumirlas regularmente bajo forma de tisanas.

Carnes, pescados y quesos: sí, pero... Nada impide que las personas que sufren de colitis coman carnes magras de fibra corta (bistec de buey, escalope de pollo o filete de cerdo), pescados blancos y quesos de pasta cocida. Por el contrario, el comerlos moderadamente permite reequilibrar la alimentación, reduciendo las verduras y la aportación de fibras, a menudo irritantes. Sin embargo, es todo cuestión de mesura: demasiada carne favorece las fermentaciones intestinales (del tipo putrefacción con producción de gases malolientes), y demasiados quesos fermentados de sabor fuerte (munster, chaource, saint-marcellin entre los franceses, cabrales, picón, roncal en España) desequilibran la flora y favorecen la hinchazón del vientre.

5. Limitar las crudités

Las crudités, a pesar de su imagen de alimentos revitalizantes y poco calóricos, no son apropiadas para el colon irritable. La dietética china aconseja antes lo cocido que lo crudo, que es demasiado «húmedo». Es verdad que las fibras impregnadas de agua de las crudités pueden ser irritantes y agravar los espasmos y los episodios dolorosos. Al principio es, pues, preferible evitarlas del todo para hacer descansar el intestino. Más adelante se podrán volver a introducir de una en una y en pequeñas cantidades. Empezaremos por las zanahorias ralladas muy finas (entre 50 y 100 g), los canónigos, las puntas de endibia, el apio nabo rallado muy fino. La remolacha cocida y las verduras lactofermentadas son también una buena transición antes de volver a las crudités. Se pueden también escaldar unos minutos o saltearlas un minuto en el wok, por ejemplo, para quitarles el «frío». La fruta no ácida, madura y en su punto (peras, manzanas dulces, melocotones, ciruelas del tipo mirabel...) son bien toleradas, incluso crudas. En el día a día se tomarán dos porciones de crudités (fruta o verdura) al día de promedio.

6. Evitar los alimentos irritantes

Las especias fuertes, el café, el cacao y todos los alimentos estimulantes se desaconsejan para las personas que sufren de colitis. Lo único que hacen es agravar la irritación crónica de la mucosa y pueden fomentar los espasmos del colon. Se optará por condimentos ligeros: la cocina que protege el colon es una cocina casi «sosa», sin especias fuertes y no muy salada. Se preferirá la cúrcuma, la nuez moscada, el comino y el tomillo antes que la pimienta, la guindilla o el curry. El café se puede fácilmente reemplazar por sustitutos libres de cafeína (achicoria, bebida de cereales, etc.).

7. Comprobar las aportaciones de magnesio y de vitaminas del grupo B

Los espasmos se pueden comparar a «calambres» digestivos. Pueden ser muy violentos y, por consiguiente, muy dolorosos. Las aportaciones insuficientes de magnesio y de vitaminas del grupo B, unas sustancias que intervienen en el equilibrio neuromuscular, facilitan su aparición. El magnesio está presente en los cereales integrales, las legumbres, el chocolate: unos alimentos con seguridad demasiado escasos en nuestra mesa. Para completar las aportaciones, optaremos por beber agua rica en magnesio, y no dudaremos en hacer curas de magnesio marino varias veces al año.

8. Relajarse con la sofrología, el yoga, el shiatsu...

Ciertamente, el comer mejor puede atenuar ciertos síntomas (incomodidad digestiva después de las comidas, tránsito irregular, etc.), pero esas medidas dietéticas se han de integrar con terapias complementarias. La sofrología, la relajación o el yoga permiten conocerse mejor, relajarse más fácilmente y gestionar mejor los períodos de dolor. Se aconseja hacer pausas de «relajación» muy cortas, varias veces al día si es posible, y cada vez que se sientan las molestias digestivas. Este pequeño paréntesis permite centrarse sobre uno mismo, hacer un descanso ante el estrés circundante. En pocas palabras permite desconectar.

Según el temperamento, puede ser conveniente practicar un deporte más enérgico: quizá haga falta liberarse, canalizar el exceso de energía que genera los dolores abdominales.

Las actividades de resistencia son las más adecuadas: nos decantaremos por el jogging, la natación, la marcha, o el esquí de fondo... Éstos completarán perfectamente los métodos de relajación.

¿Qué hacer en el caso de una crisis dolorosa?

Si la crisis es verdaderamente importante, puede ser necesario ayunar durante un día. El tubo digestivo, al estar completamente en reposo, se relajará progresivamente. Aprovecharemos la jornada para descansar y beber infusiones calmantes, caldos, o nos prepararemos una sopa *congee* (*véase* la receta en la pág. 172). Después de esto se retomará progresivamente la alimentación introduciendo en los menús verduras cocidas y cereales semintegrales cocinados de manera muy sencilla. Finalmente, se añadirán crudités una vez que los dolores hayan remitido.

Diez alimentos anticolitis

1. Los caldos de verduras

El caldo de verduras es un remedio ineludible cuando hay épocas con dolor: hace descansar el tubo digestivo limitando así la importancia de los espasmos. En períodos de crisis aguda, se puede beber durante todo un día pero no más, puesto que los caldos alimentan poco.

Si es posible, nos haremos el caldo nosotros mismos, con verduras de cultivo biológico, muy frescas y de buena calidad. Se ponen en agua fría verduras cortadas a trocitos, de esta manera los minerales y otras sustancias vegetales pasarán al agua de cocción que luego nos beberemos. Habrá que escoger verduras no irritantes: por ejemplo zanahorias, chirivías, calabacines, la parte blanca del puerro, el corazón del hinojo, apio, calabaza. Se evitará absolutamente las coles, las cebollas, el ajo, el chalote y, en general, todas las verduras y frutas ácidas (tomate), o cuyo sabor sea muy marcado (nabo, etc.). Se añadirá al caldo tomillo, laurel, algunas semillas de cilantro, perejil fresco. Sin embargo, no habrá que abusar de las hierbas y los aromas, que en dosis fuertes pueden estimular las funciones digestivas.

Puesto que el objetivo es hacer descansar el tubo digestivo, habrá que limitar también la sal y la pimienta. Unas gotas de salsa de soja o un poco de miso mejorarán el sabor y el color del caldo. Se utilizarán en pequeñas cantidades, ya que son muy aromáticos. Al principio, el caldo se puede tomar totalmente filtrado para evitar la presencia de fibras.

Cuando la crisis haya remitido, y para el uso diario, se tomarán los caldos con las verduras cortadas muy finas y bien cocidas, ocasionalmente enriquecidas con arroz, pasta de medida pequeña, o sémola. Algunos dados de tofu harán que el caldo sea más nutritivo, si se decide tomarlo varios días seguidos.

✋ EN LA PRÁCTICA

• En períodos de crisis se tomará el caldo claro (durante un máximo de un día).
• Un caldo completado con cereales y tofu puede servir de base de alimentación durante dos o tres días.
• La calidad del caldo dependerá de la calidad de las verduras: para un mejor resultado, se utilizarán verduras de excelente calidad.

👁 ES BUENO SABER

Añadir patatas cortadas en daditos sólo si se comen las verduras junto con el caldo, de lo contrario es inútil, porque éstas no aportan ningún sabor especial.

2. Las verduras lactofermentadas y las semillas germinadas

En su estado natural algunos vegetales son de difícil digestión, pero hay transformaciones naturales que pueden mejorar su tolerancia. La fermentación, que es un medio de conservación natural de productos muy perecederos, permite conseguir verduras muy digeribles: chucrut, remolacha, rábano o apio, en especial, se pueden tratar por este método. La fermentación natural está ligada al desarrollo de las bacterias lácticas y acidifica el medio en el que está inmersa la verdura, mientras que las enzimas presentes llevarán a cabo una predigestión de ciertos componentes vegetales. Por ello el chucrut (cocinado con pocas grasas) es mucho más digerible que la col verde de un guiso, por ejemplo.

Estas verduras se comen calientes o frías, y esto permite prepararlas en ensalada evitando así el exceso de crudités. De igual manera, los granos (de leguminosas u otros) son mucho más digeribles después de la germinación. Las enzimas naturales que contienen se reactivan por la presencia de agua, en efecto, hidrolizarán una parte de los glúcidos complejos del grano y facilitarán de esta manera la acción de los jugos gástricos. Además, las fibras de los granos germinados son menos irritantes que las de los granos secos, ya que durante la germinación se saturan de agua. Es interesante probar la tolerancia de las lentejas, los garbanzos y las judías con la germinación empezada (germen de algunos milímetros), que se cocerán luego en agua para una mejor digestibilidad. Las pequeñas semillas de alfalfa, rábano, judía mungo, etc. se pueden consumir crudas, pero siempre en pequeñas cantidades (una pizca al día).

✋ EN LA PRÁCTICA

• Hacer pregerminar las legumbres antes de cocerlas (germen de 1 o 2 mm).

• Añadir una pizca de semillas germinadas a los cereales o las verduras (pero eliminando el residuo de la envoltura de la semilla).

• Sustituir las crudités clásicas por verduras lactofermentadas frías en las ensaladas.

👁 ES BUENO SABER

Las verduras lactofermentadas se venden frecuentemente en tarros esterilizados, por consiguiente, ya no contienen bacterias lácticas vivas y no ayudan a equilibrar la flora intestinal. Pero desde hace poco tiempo en tiendas bio se encuentran verduras lactofermentadas acondicionadas al vacío. Con este sistema las bacterias se mantienen vivas.

3. Las algas: minerales y fibras suaves

Las algas contienen sustancias mucilaginosas que forman un gel en el tubo digestivo y equilibran el tránsito. Al contrario de las fibras celulósicas de los cereales, no son irritantes y permiten luchar delicadamente contra el estreñimiento y la diarrea. Los colíticos a menudo padecen la alternancia de ralentización/aceleración del tránsito, y es difícil remediarlo. El uso regular de algas en pequeñas cantidades puede ser una ayuda para reequilibrar la velocidad del tránsito.

Por otra parte, su gran concentración de minerales es una baza más: un suplemento natural de magnesio tiene también repercusiones beneficiosas sobre los espasmos intestinales. Las algas secas se integran fácilmente en sopas, platos de verduras, cereales, bocadillos caseros o ensaladas. Las algas iziki (o hijiki), las wakame, las láminas de nori son fáciles de utilizar una vez rehidratadas. También se pueden espolvorear las algas pulverizadas sobre la comida, pero el efecto fibra será menos marcado, ya que la cantidad que se coma será muy reducida. La salicornia, una planta que vive en aguas salobres y que se recolecta especialmente en Bretaña, está disponible en tarros y se come fría o caliente, con cereales o con verduras. También se pueden preparar postres con agar-agar o con carragenato, que pueden ayudar a aliviar los dolores gracias a su efecto emoliente.

✋ EN LA PRÁCTICA

- Se añade una pizca de iziki en los bocadillos, y las tartas saladas.
- Descubramos la salicornia, cuyo sabor es más suave que el de las algas de mar adentro, que se venden deshidratadas.
- Añadir una pizca de agar-agar en los platos calientes: pasa desapercibido porque no tiene ningún sabor.

👁 ES BUENO SABER

Las algas, muy ricas en minerales y en glúcidos específicos, en dosis elevadas pueden ser mal toleradas. El sentido común sugiere, pues, comer sólo pocos gramos al día. Esto será suficiente para aprovechar sus beneficios.

4. Del arroz blanco a los cereales semintegrales

Escoger los cereales apropiados puede ser un verdadero rompecabezas cuando se sufre de colitis. Durante mucho tiempo se aconsejó comer cereales blancos, pobres en fibras, que, según se pensaba, permitían hacer descansar el tubo digestivo. En realidad, la ausencia de fibras favorece el estreñimiento y el resultado es un desarreglo del tránsito, antes que una mejora de los síntomas. Hoy día se aconseja efectuar una aportación regular de fibras suaves, bajo forma de verduras, de fruta, y de cereales semintegrales.

Sin embargo, en períodos de crisis dolorosas, se pueden utilizar los cereales refinados durante uno o dos días, en especial el arroz, conocido por sus virtudes calmantes. Pero es importante asociarlo a fruta cocida (manzanas, peras) o a verdura (zanahorias, lechuga hervida, etc.) par evitar el estreñimiento. Igualmente, se puede añadir a los caldos pasta pequeña, mandioca, tapioca, tallarines de arroz, si los dolores abdominales son muy intensos. En los días siguientes es necesario volver a comer: sémola semintegral, pastas integrales (de trigo, de alforfón, de quinoa, etc.), arroz semintegral, para aumentar la aportación de fibras suaves.

Más adelante se podrán reintroducir cereales y granos que contengan más fibras (mijo, quinoa, arroz moreno, etc.) en los menús de cada día, a condición de ingerirlos en pequeñas cantidades (de 100 a 120 g de peso cocido) y siempre asociados a verduras calmantes del tipo zanahoria, calabacín, etc.

✋ EN LA PRÁCTICA

• Los días de crisis dolorosas optaremos por el arroz blanco, pero no durante mucho tiempo para evitar el estreñimiento.

- Para una buena tolerancia asociaremos cereales semintegrales y verduras (arroz y calabacín, pasta y espinacas tiernas, sémola y verduritas tempranas, etc.).
- La mandioca, el arroz glutinoso y la tapioca permitirán preparar buenos postres que se enriquecerán con manzanas, melocotones o peras cocidas.

👁 ES BUENO SABER

Sazonaremos los cereales con un chorrito de aceite virgen o un poquito de mantequilla cruda: es indispensable para el buen funcionamiento de la digestión y del tránsito.

5. La avena, un cereal calmante

La avena es un cereal un poco diferente: contiene fibras suaves (pectinas y hemicelulosa que no atacan la mucosa intestinal). Estas fibras, saturadas de agua, forman un gel que aumenta el volumen de las heces y regula el tránsito de manera natural. La avena, que se consume poco en Francia, merecería volver a figurar cada día en nuestros menús. Se encuentra fácilmente bajo forma de copos precocidos. Éstos permiten cocinar el *porridge* inglés, ideal para el desayuno, pero también galletas. Sea cual sea la receta escogida, hay que asegurarse de terminar la cocción de los copos para una mejor digestibilidad. Es suficiente hacerlos hervir unos minutos en agua, o leche de vaca o de soja. Los copos de avena y la harina de avena se pueden añadir a la harina de trigo blanca para preparar panes, tortas, crepes o granolas.

✋ EN LA PRÁCTICA

- Un desayuno que se tolera bien y es equilibrante: copos de avena cocidos con leche de arroz, dados de manzana y miel.
- Delicioso y muy sencillo: se añaden dos cucharadas soperas de copos de avena en una taza de sopa o de caldo en el momento de calentarlos.

- Si se padece de colitis, se evitará comer copos de avena no cocinados, ya que serían indigestos. Lo mismo sucede con los mueslis, aunque estén precocidos.

👁 ES BUENO SABER

La avena contiene poco gluten y, por consiguiente, no se puede utilizar sola para hacer pan. Sin embargo, se puede mezclar con harina de trigo para elaborar un delicioso pan casero (dos partes de harina de trigo para una parte de avena).

6. Pan, galletas y biscotes: qué escoger?

Los productos de cereales no siempre se toleran bien cuando se sufre de colitis. Pueden acarrear espasmos y fermentaciones desagradables. Durante mucho tiempo se pensó que era preferible evitar el pan y sustituirlo por biscotes. De hecho éstos, a menudo pobres en fibras, favorecen el estreñimiento y pueden agravar los síntomas dolorosos.

Una cosa es segura: el pan y sus derivados forman parte de la alimentación, a condición de hacer una elección adecuada. Se corre el riesgo de no tolerar el pan si contiene mucha miga, ya que ésta es atacada más difícilmente por los jugos gástricos. Si queremos comer pan, cosa que aconsejamos, evitaremos las formas redondeadas, que tienen mucha miga, y escogeremos barras alargadas de tamaño mediano, que tienen más costra respecto a la miga. La cocción ha de ser perfecta: una miga poco cocida se digiere lentamente y puede provocar fermentaciones.

Finalmente, habrá que evitar comer pan caliente acabado de salir del horno: un pan ligeramente sentado, como el pan del día anterior, es mucho más digerible. Y para mejorar todavía más su tolerancia, se aconseja cortar el pan en rebanadas finas y tostarlo ligeramente. Serán perfectos los panes de harina semintegral, de harina de centeno o de espelta. Se evitará el pan con salvado añadido que es demasiado irritante.

Los biscotes pueden ser útiles en momentos de crisis, ya que son muy digeribles, sin embargo, su receta es más compleja que la del pan, por la presencia de materias grasas, aditivos, etc., y determinados componentes pueden ser mal tolerados. En esos casos es preferible comer tortitas de arroz soplado o panes crujientes a base de centeno (del tipo Wasa), o también pan ácimo, cuya receta es mucho más sencilla. El pan pita y las tortas indias (nan, etc.) están más próximos al pan que los biscotes y han de estar perfectamente cocidos (es decir tostados) para ser tolerados.

EN LA PRÁCTICA

• Comer de una a dos rebanadas de pan tostado por comida, o tortas de arroz, pan crujiente, etc.

• Evitar comer demasiado pan, ya que puede favorecer las fermentaciones intestinales.

• Escoger panes «bio» y comprobar la composición de las tortas y de los panes crujientes para limitar el consumo de aditivos indeseables.

7. Frutas y verduras calmantes

• Para nuestra salud es indispensable que las verduras y las frutas sigan presentes en nuestra mesa y no se han de eliminar completamente. Aunque se tenga la sensación de que su consumo produce dolores, a veces es suficiente elegir mejor y cocinarlas de manera adecuada para que se toleren fácilmente.

• La tolerancia de los vegetales depende de distintos factores, especialmente de su composición en fibras: se evitarán las frutas y verduras de fibra dura, que contengan pepitas, semillas (como el kiwi, la frambuesa, la col, el tomate, etc.). De manera general, hay que pelar los vegetales ya que su piel contiene fibras que a veces se toleran mal. En cuanto a la acidez, hay que pensar que una mucosa castigada soportará con dificultad la acidez natural de los cítricos, del tomate, de la fruta de la pasión...; la presencia de sustancias azufradas (cebolla, ajo, col...); una maduración insuficiente.

Las verduras jóvenes (judías verdes, calabacín, lechuga...) contienen menos fibras celulósicas, están más hidratadas y son más fáciles de digerir que las verduras recolectadas más tardíamente. Es el caso especialmente de las judías y los guisantes, cuya composición varía según el grado de maduración (aumento de las fibras insolubles, de los glúcidos complejos no digeribles, etc.).

• Por el contrario, escogeremos frutas perfectamente maduras, nunca «verdes» o crujientes, ya que sus fibras serán más correosas, y su acidez más elevada que cuando están plenamente maduras. En cuanto a su frescura, hay que decir que las verduras almacenadas mal, o conservadas demasiado tiempo (aunque sea en un sitio fresco) son menos digeribles, ya que ciertas sustancias se transforman y adquieren un sabor fuerte. El desarrollo eventual de bacterias o de mohos indeseables contribuye a agredir la mucosa intestinal. Habrá que vigilar también el grado de cocción, ya que las fibras vegetales se gelifican y se ponen tiernas durante la cocción. Los vegetales cocidos son, pues, menos irritantes que las crudités, y los colíticos deberán preferirlos.

Se podrá comer sin riesgo:

• **Entre las verduras:** remolacha, zanahoria, calabacín, berenjena sin semillas, acelgas pequeñas, brotes de espinacas, canónigos, endibia, judía verde extra fina, los distintos tipos de calabaza (recolectadas jóvenes), apio nabo, chirivía, nabos nuevos, guisantes tempranos, las setas (pequeñas y muy frescas). El tomate a menudo se soporta mejor pelado y sin semillas, siempre que esté bien maduro.

• **Las frutas:** la manzana, la pera, el plátano (cocinado), el melocotón, las ciruelas no ácidas, el membrillo, el mango. La fresa y la cereza, si están bien maduras y no son ácidas, en general se toleran bien.

✋ EN LA PRÁCTICA

• Comprar frutas y verduras muy frescas y consumirlas rápidamente.
• Preferir los vegetales cocidos y sólo introducir crudités en pequeña cantidad: 100 g al día entre zanahorias, canónigos, endibias, manzanas, peras.

• Probar los vegetales cada uno por separado evitando las mezclas y las preparaciones complicadas, para delimitar mejor los que nos convienen.

La tolerancia de los vegetales puede variar según el estado del colon. Es, pues, importante testar regularmente nuestras tolerancias, reintroduciendo un producto que ya no comíamos, ya que unas semanas o meses más tarde se podrán comer sin molestias.

8. Productos y conservas bio

Un colon irritable soporta mucho menos los aditivos, conservantes y otros estabilizantes que abundan en todos los productos industriales convencionales. Para que la alimentación sea verdaderamente calmante para la mucosa intestinal, es indispensable escoger alimentos naturales sin refinar, que cocinaremos nosotros mismos de manera sencilla. Si se quiere comer alimentos transformados (conservas, congelados, etc.), escogeremos productos básicos no cocinados, y de cultivo biológico.

En efecto, la legislación limita la incorporación de aditivos en los productos certificados como «biológicos»: esto limita los riesgos de intolerancia a los componentes añadidos al alimento principal. Hay que leer bien las etiquetas: los aditivos deberían limitarse al agua, la sal y, eventualmente, la vitamina C (que evita el oscurecimiento de los alimentos) y los aromas. Hay que evitar todo lo demás: estabilizantes, emulsionantes, colorantes, etc. Es frecuente pensar que no se tolera un alimento (una verdura, un cereal, etc.) cuando lo que provoca la intolerancia es uno de los ingredientes secundarios. Cuanto más compleja sea la receta del producto, mayor es el riesgo de no tolerarlo, sin que se sepa realmente cuál es el componente responsable de la intolerancia.

• Escogeremos verduras, legumbres, frutas, etc., al natural y sin cocinar, tanto si son conservados como congelados.

• Preferiremos los productos biológicos, que contienen menos aditivos.

• Desconfiaremos de las galletas y pastelería industrial que contienen siempre aditivos, indispensables para su fabricación industrial. Es preferible hacerlas en casa con ingredientes básicos que conocemos.

👁 **ES BUENO SABER**

Los alimentos enriquecidos con vitaminas y minerales pueden también causar problemas digestivos, sobre todo los que son ricos en hierro y magnesio: se desaconsejan en el caso de un colon irritable.

9. Levadura alimentaria y arcilla verde

La levadura es un excelente complemento nutricional y ocupa un lugar importante en el tratamiento de las colitis. Aunque no tenga un efecto directo sobre el sistema digestivo, su riqueza en nutrientes varios ayuda a reequilibrar el organismo, una estrategia ésta que no hay que desdeñar cuando se sufre de síndrome crónico. La levadura es una fuente de proteínas, vitaminas y oligoelementos varios, y es conocida por sus virtudes equilibrantes del sistema nervioso (vitaminas del grupo B). Ayuda en especial a la relajación muscular y mejora la calidad del sueño, dos puntos clave para todos aquellos que sufren de estrés y de insomnio, con repercusiones en el sistema digestivo.

Por otra parte, la presencia de glutatión en la levadura hace de ella un complemento alimenticio que favorece los procesos de desintoxicación del organismo, otro punto importante en el caso de una colitis crónica. También se sabe que la levadura alimentaria mejora las defensas inmunitarias y permite combatir mejor las infecciones, incluidas las infecciones intestinales. Habitualmente, la levadura se utiliza deshidratada bajo forma de copos o en comprimidos. También se puede emplear viva (levadura de panadero). En este caso permite reequilibrar la flora intestinal, pero puede producir hinchazón del vientre y no se aconseja tomarla de esta forma si el problema es el colon.

La arcilla se utiliza tradicionalmente para tratar los problemas digestivos más variados. Es una sustancia que no se asimila, y recorre el tubo digestivo captando distintos elementos presentes en el bolo alimenticio: grasas, bacterias, ácidos biliares, etc. Por consiguiente, la arcilla realiza una verdadera «limpieza» que es muy beneficiosa si se padece del colon. Se ha de utilizar en pequeñas cantidades (media cucharadita de café al día durante tres o cuatro días), ya que una dosis elevada favorecería el estreñimiento. Se recomienda hacer una cura de arcilla cada dos o tres meses para desintoxicar el tubo digestivo.

✋ EN LA PRÁCTICA

Espolvorear la levadura de cerveza sobre las ensaladas, el yogur, las sopas durante todo el año (una cucharada sopera al día).
•   Hacer una cura de arcilla a cada cambio de estación, y en períodos de crisis dolorosas.
•   Tomar la arcilla en ayunas, diluida en un vaso de agua tibia, para conseguir la máxima efectividad.

👁 ES BUENO SABER

Se tomará la levadura al natural, simplemente espolvoreada sobre los alimentos, para beneficiarse de todas sus vitaminas. Si se añadiera a los alimentos durante su preparación perdería la mayor parte de las vitaminas.

10. Tisanas y bebidas antiespasmódicas

El café, lo mismo que el té en menor medida, contiene sustancias estimulantes que pueden provocar espasmos y dolores intestinales. Es fácil encontrar sustitutos a base de achicoria, cereales o bellotas, que se utilizan de la misma forma y tienen un gusto bastante parecido al del café. Estas bebidas no contienen cafeína, ni grasas indigestas, son pobres en taninos y son calmantes para la mucosa intestinal. Se puede beber de dos a tres tazas diarias.

Si se quiere tomar té, habrá que evitar sobre todo el té negro de infusión larga, que es rico en teína y en taninos, y se sustituirá por un té verde muy ligero. Algunos tés son pobres en teína por su propia naturaleza: el llamado té de «tres años», en el que sólo se utilizan los brotes jóvenes, y el té «mu», mezcla de té y de plantas de montaña libres de teína.

Finalmente, existen varias plantas conocidas desde siempre por su capacidad de calmar los espasmos dolorosos: anís, albahaca, flor de azahar, comino, mejorana, regaliz, salvia, valeriana.

✋ EN LA PRÁCTICA

* Sustituir el café por la achicoria o por «café de cereales» torrefactos.
* Escoger un té pobre en teína (té verde ligero, té de «tres años»).
* Probar distintas infusiones, ya que nuestro organismo será más o menos receptivo a cada una de ellas.

👁 ES BUENO SABER

Evitar añadir leche de vaca o de soja al té, ya que su asociación es especialmente indigesta.

1●1 Un día de bienestar intestinal

En el caso de una crisis dolorosa

Desayuno

- 1 té de «tres años» con miel
- 2 tortitas de arroz con mantequilla
- 1 tazón de compota de manzana

Comida

- 1 tazón de caldo de zanahoria y tapioca
- Calabacines al vapor y sémola de espelta
- Pera cocida
- Infusión antiespasmódica (anís, etc.)

Cena

- 1 tazón de caldo de verduras
- Zanahorias al vapor y arroz semintegral
- 1 yogur de soja con miel
- Manzana al horno
- Infusión antiespasmódica (flor de azahar, etc.)

Para el día a día

Desayuno

- 1 tazón de leche de arroz con achicoria
- 2 rebanadas de pan moreno con mantequilla
- 1 pera

Comida

- Ensalada de remolacha lactofermentada
- Semillas de alfalfa germinadas
- Tallarines orientales, zanahorias y tofu
- Ciruelas mirabel
- 2 tortitas de arroz
- Tisana antiespasmódica (anís, etc.)

Cena

- Sopa da calabaza y zanahorias
- Arroz con azafrán, salicornia
- Copos de avena con leche de almendras
- 2 tortitas de arroz
- Tisana antiespasmódica (flor de azahar, etc.)

RECETAS ANTICOLITIS

Salsas y condimentos

Crema de soja (caliente y fría)

- 1 vaso de harina de soja
- ½ vaso de aceite de sésamo
- Sal
- Perejil

Desleír la harina de soja en dos vasos de agua fría. Batir para que se disuelva bien. Poner al fuego y cocer hasta que espese, removiendo a menudo. Poner en la batidora junto al aceite, la sal, el perejil (u otros aromas, según la estación).

En el plato

Esta salsa se sirve caliente acompañando la pasta o verduras hechas al vapor. Fría es deliciosa untada sobre rebanadas de pan, tostadas o con palitos de crudités.

Crema con azafrán (caliente y fría)

- 100 g de harina de maíz
- 1 dl de aceite de sésamo
- 1 cucharada sopera de vinagre de arroz

- 1 cucharada sopera de zumo de limón
- 2 cucharadas soperas de shoyu
- 1 punta de cuchillo de azafrán en polvo
- 2 dl de agua

Se pone en una cacerola pequeña la harina de maíz y el azafrán, se vierten 2 dl de agua fría y se bate bien para desleír la harina. Se pone al fuego y se cuece un cuarto de hora removiendo a menudo. La consistencia final de la salsa ha de ser la de una mayonesa. Al final de la cocción, pero todavía en el fuego, se añade 1 dl de aceite de sésamo, y luego los demás ingredientes: el shoyu, el vinagre de arroz y el zumo de limón. Comprobar la sal y añadir si hace falta.

▶ Vinagreta de limón con anís verde para zanahorias e hinojo

- Zumo de 1 limón o vinagre de arroz
- Aceite de oliva
- Anís verde en polvo

👄 VARIANTE GOLOSA

Añadir unas semillas de hinojo.

▶ Vinagreta de base

- Unas gotas de vinagre de sidra o de arroz
- Aceite de primera presión en frío (de oliva, girasol, cártamo, sésamo...)
- Unas gotas de shoyu (menos fuerte que el tamari) o sal

Mezclar todos los ingredientes ajustando las proporciones según el gusto. Se puede añadir un chorrito de agua.

Con hierbas de Provenza, semillas de hinojo, cualquier hierba aromática fresca o seca: tomillo, romero, mejorana, estragón, perejil, cebolleta, perifollo, etc.

▶ Vinagreta con levadura malteada

- Vinagre de sidra
- Aceite de oliva o de girasol
- Shoyu
- Levadura malteada en copos

Mezclar todos los ingredientes, añadir un chorrito de agua, remover bien. Se puede pasar por la batidora para obtener una salsa muy homogénea.

Pan

▶ Kessrah (pan sin levadura)

- 250 g de sémola fina de trigo
- 50 g de aceite
- 1 dl de agua tibia
- Una pizca de sal
- Arañuela (opcional)

Se mezclan todos los ingredientes. Se amasan bien durante unos minutos. Se calienta en seco una sartén de fondo grueso con una tapa que cierre bien (como una sartén para saltear). Se forman unas tortas de unos 10 cm de diámetro y del grueso de un dedo, no más. Se colocan en la sartén, se tapa y se cocinan dándoles la vuelta varias veces. Pueden tardar unos 20 minutos. Se comen seguidamente, como si fuera pan. Para conservarlas (dos o tres días), se envuelven en un trozo de tela y luego se colocan en una bolsa o una caja hermética.

Comentario

Estas tortas son muy fáciles de hacer, más fáciles y más rápidas que los chapatis, y aunque su cocción sea más larga, se vigila fácilmente mientras se prepara el resto de la comida. La arañuela (*véase* el capítulo de las especias en la página 204), que a menudo se utiliza en Oriente para preparar el pan, da un sabor aromático a esta torta.

Probar con sésamo en lugar de arañuela, o también con comino, alcaravea o anís (en granos).

▶ Tortitas con copos de avena
Para unas quince tortitas de unos 3 cm de diámetro:

- 2½ tazas de copos de avena pequeños
- 1½ taza de agua
- ½ taza de levadura en copos
- ¼ de cucharadita de café de sal
- 1½ cucharadita de café de arañuela

Se mezclan los ingredientes. Con la ayuda de una cuchara se depositan pequeños montoncitos en una sartén ligeramente engrasada, se aplanan y se dejan dorar por cada lado.

También se pueden secar estas tortitas en el horno a baja temperatura (30 °C) colocándolas sobre un papel sulfurizado en un horno precalentado durante unas dos horas. De esta manera se puede preparar por adelantado una cantidad mayor y guardarlas en una caja hermética.

En el plato

En sustitución del pan o acompañadas con una mayonesa sin huevos, con verduras hechas al vapor y con crudités.

👄 **VARIANTE GOLOSA (DULCES SIN AZÚCAR)**

Añadir a la masa pasas de Corinto, canela y sésamo tostado... o servir con una compota de manzanas. Delicioso y energético para el desayuno.

▶ Blinis de alforfón

Para 40 piezas:

- 700 g de harina de alforfón
- 1 l de leche de arroz
- 3 huevos
- 1 cucharada sopera de sal
- 1 cucharada sopera de azúcar
- 50 g de aceite
- 50 g de levadura fresca de panadero

Se mezcla la leche con la levadura, la sal y el azúcar, más la mitad de la harina. Se deja reposar 10 minutos. Se añaden los huevos y el resto de la harina, se bate y se deja reposar una hora.

Se obtiene una masa lisa, mucho más densa que la pasta para crepes.

Se cuecen en pequeñas sartenes de fundición especiales para blinis, para evitar que la pasta se extienda y se convierta en una crepe. El blini terminado tendrá ½ cm de espesor y unos 8 de diámetro.

Se engrasa el fondo de la sartén, se calienta, se vierte una capa delgada de pasta. Se espera a que se infle y que empiece a dorarse ligeramente en los bordes. Se da la vuelta.

La cocción es rápida (1 minuto por cada lado, más o menos). La tortita ha de quedar flexible.

Comentario

La receta es para 40 piezas, ya que los blinis se conservan bien varios días en la nevera, bien envueltos y protegidos del aire.

En el plato

Se sirven fríos o calientes, como base para un «tarama» de algas o una pasta para untar a base de legumbres (para que se complementen cereales y legumbres), o cualquier otra salsa densa según el gusto de cada cual.

Sopas

▶ Crema de alforfón tostado (caliente)

- 4 cucharadas soperas por persona de harina de alforfón
- Aceite de sésamo
- ¾ de litro de agua

Se hace tostar en seco la harina de alforfón, moviéndola continuamente. Un agradable olor a tueste indica cuándo está lista (sobre todo, no esperar a que salga humo). Se deja enfriar unos minutos y se vierte, fuera del fuego, en el agua fría, batiendo enérgicamente para evitar que se hagan grumos. Se vuelve a poner al fuego y se hace cocer de 4 a 5 minutos moviéndola a menudo. Al final de la cocción se adereza con sal y/o tamari y aceite de sésamo, o con una cucharadita de mantequilla clarificada (un festín). Incluso los más reticentes al alforfón se vuelven adeptos.

En el plato
Esta sopa se sirve bien caliente con tropezones de pan frito.

▶ Sopa de miso con algas wakame

- Un puñadito de algas wakame (o unos 25 cm)
- 1 zanahoria pequeña
- 1 nabo pequeño
- 2 pulgaradas de perejil picado
- 2 cucharadas soperas de miso de arroz
- Aceite de sésamo

Con unas tijeras se cortan las algas en trozos de 1 cm y se ponen en remojo en agua fría durante 10 minutos. Se escurren y se guarda el agua del remojo. Se cortan las verduras en palitos lo más finos posible. Se calienta un poco de aceite de sésamo. Se disponen las verduras y las algas en el fondo de la cacerola, se vierte el agua hasta el nivel de las algas y se deja cocer a fuego medio hasta que las verduras y las algas estén tiernas (de 5 a 8 minutos). Se añade el agua de remojo de las algas y un poco más de agua hasta obtener en total ¾ de litro de líquido. Se lleva a ebullición, se baja el fuego y se deja hervir aún 3 minutos. Las verduras están cocidas pero han de tener cierta firmeza al morderlas. Se deslíe el miso en un poco de caldo caliente, se vierte en la sopa y se añade el perejil picado. Se apaga el fuego y se deja reposar 5 minutos.

👄 VARIANTE GOLOSA

Se puede utilizar cualquier otra alga entera o en copos.

▶ Crema de calabaza «potimarrón»

- 1 calabaza pequeña (unos 600 g)
- ½ l de leche de arroz
- 1 cucharadita de café de comino
- ½ cucharadita de café de alcaravea y semillas de hinojo
- 3 cucharadas soperas de crema de coco

Se lava, se vacía y se corta la calabaza en medias lunas. Se cuece al vapor. Se mezcla en la batidora con el caldo de cocción. Se añade la leche de arroz y se vuelve a batir. Se pone al fuego en una cacerola y se añade agua si hace falta para conseguir una crema no demasiado densa. Se aromatiza con la alcaravea y las semillas de hinojo, el comino y la crema de coco (a falta de ésta, se puede poner un puñado de coco rayado).

Esta crema se puede hacer más densa, con la consistencia de un puré. En ese caso servirá para acompañar un cereal de sabor fuerte (mijo, quinoa, alforfón) o una tortita de cereales.

🗣 **CONSEJO SALUD**

Esta sopa es buena también en caso de estreñimiento: entonces se puede sustituir la alcaravea y las semillas de hinojo por ½ cucharadita de café de curry.

▶ Crema de champiñones

- 500 g de champiñones u otras setas
- ½ litro de salsa besamel con puré de almendras
- 1 cucharada sopera de aceite de oliva
- Sal
- Nuez moscada

Se lavan los champiñones, se quitan los extremos terrosos si hace falta y se cortan en rodajas. Se calienta bien el aceite y se saltean los champiñones, se continúa la cocción removiendo a menudo hasta que hayan soltado el agua. Se añade la salsa besamel y las especias. Se sigue cociendo 10 minutos más a fuego suave.

En el plato

Se sirve con pan frito.

▶ Caldo de verduras con algas wakame

- 1 l de caldo de verduras
- 6 hojas de algas wakame

- 4 cucharadas soperas de tamari
- 1 cucharada sopera de perejil picado

Si las algas son secas, se ponen en remojo en agua fría durante 15 minutos para rehidratarlas. Si son frescas, hay que lavarlas bien para quitar cualquier resto de arena. Se guarda el agua del remojo.

Se cortan las algas en tiras de 1 cm. Se calienta el caldo de verduras, se añaden las algas y el agua del remojo. Se deja hervir suavemente 20 minutos.

Fuera del fuego se adereza con tamari y se sirve el caldo bien caliente espolvoreado con perejil cortado finamente.

Comentario

Si no tenemos caldo de verduras prepararemos uno mezclando varias verduras de temporada, preferiblemente biológicas. Éstas se podrán servir en la comida siguiente con una vinagreta o añadidas a un gratinado.

Primeros platos y ensaladas

▶ Pastel con olivas y algas iziki

- 2 vasos de harina de trigo semintegral
- 4 huevos
- ½ vaso de aceite
- ½ vaso de leche
- 150 g de tofu fresco
- 1 bolsita de levadura
- 100 g de olivas deshuesadas
- 100 g de algas iziki cocidas
- Estragón
- Sal

Se baten los huevos, se añade el aceite y se sigue batiendo. Se añade la leche, la levadura, las olivas, el tofu cortado en daditos, las algas cocidas y dos pizcas de estragón a poder ser fresco. Si es seco y en rama habrá que molerlo para no tener la sensación de comer paja. Se añade sal con precaución, porque las algas y las olivas ya son saladas. Al final se añade la harina, lo que facilitará la mezcla. Se cuece en un molde para pasteles durante una hora aproximada a 200 °C. Se hace la prueba del cuchillo y se deja todavía un rato en el horno apagado.

▶ Jalea de tomates con mozzarella y albahaca

- 800 g de tomates bien maduros
- 200 g de mozzarella
- Unas 15 hojas de albahaca
- 2 cucharadas soperas de aceite de oliva
- 1 cucharada sopera de vinagre de sidra o de arroz
- Sal
- Tamari
- 2 g de agar-agar

Se extrae el jugo de los tomates en una centrifugadora o en el pasapurés. Se pesa el jugo. Se corta la mozzarella en daditos (estructura desmigajada). Se deslíe el agar-agar en medio vaso de jugo de tomates (prever 2 g de agar-agar por 500 g de jugo). Se pone la mitad del jugo al fuego hasta que hierva, se añade el agar-agar desleído dando vueltas y se deja cocer 3 minutos. Se corta fina la albahaca, se mezcla con la otra mitad del jugo, la sal, el vinagre, el aceite, el tamari y el queso. Se vierte el jugo caliente encima de este compuesto, se mezcla bien y se reparte en moldes individuales. Se deja al fresco por lo menos 4 horas. Se desmolda sobre platos y se sirve con una crudité verde: una mezcla de brotes jóvenes de lechuga, jaramago u oruga sola, lechuga, verde de cebolleta, etc.

▶ Paté de setas

- 500 g de setas
- 250 g de copos de avena
- ¼ de litro de leche de almendras o de arroz
- 3 cebollas medianas
- 100 g de olivas negras
- Ajo
- Perejil
- Hierbas de Provenza
- 50 g de levadura alimentaria en copos
- ½ dl de aceite

Se ponen en remojo los copos de avena en agua tibia durante 15 minutos. Se pican las cebollas y las setas y se cocinan al vapor o en estofado. Se escurren los copos y se añaden a la preparación de las setas. Se pasa todo por la batidora. Se añaden las olivas deshuesadas, el ajo majado, el perejil picado fino, las hierbas de Provenza, la levadura y el aceite. Se vierte en un molde para pasteles y se cuece al horno a 180 °C entre 40 y 50 minutos.

En el plato

Se come caliente con una ensalada y verduras al vapor, o frío como primer plato.

▶ Paté vegetal con zanahorias

- 500 g de zanahorias
- 200 g de crema de avena
- 100 g de levadura en copos
- 2 cucharadas soperas de germen de trigo
- 2 cucharadas soperas de gomasio
- 4 cucharadas soperas de mantequilla de almendras
- Tomillo
- Anís estrellado
- Semillas de cilantro

Se cortan las zanahorias en rodajas finas y se cuecen al vapor con tres estrellas de anís y una rama de tomillo. Tienen que quedar muy tiernas. Escurrir y quitar las especias. Se reserva el agua de la cocción. Se mezclan las zanahorias con la crema de avena, la levadura, el germen de trigo, el gomasio y ½ cucharadita de café de semillas de cilantro. Se diluye la mantequilla de almendras con la misma cantidad del jugo de cocer las zanahorias y se añade la mezcla a los demás ingredientes. La consistencia ha de ser espesa. Se vierte en un molde para pastel engrasado. Se cuece en el horno precalentado a 180 °C durante 30 o 40 minutos.

Se puede añadir agua al caldo de la cocción, sazonarlo con un poco de tamari, y servir este caldo muy aromático al principio de la comida en pequeñas cantidades.

Composición alrededor de la zanahoria

Para descubrir todas las variantes de un mismo producto y sorprender a los invitados con sabores y aromas diferentes, se puede servir una comida realizada completamente con ese mismo producto. Por ejemplo, en este caso con las zanahorias.

Como primer plato

Ensalada de zanahorias ralladas con cilantro fresco y limón, servidas sobre una base de ensalada verde, y espolvoreada con granos de granada fresca cuando es temporada.

Como plato principal

Paté de zanahorias, aromatizado con semillas de cilantro, servido con zanahorias al vapor enteras, aromatizadas con anís verde y arroz integral con hojas de zanahorias.

Como postre

Halwa de zanahorias con pistachos.

▶ Ensalada de lentejas verdes, zanahorias y cilantro

- 200 g de lentejas verdes
- 2 zanahorias pequeñas
- Zumo de 1 limón
- ½ manojo de cilantro fresco
- Aceite de oliva

- Una pizca de jengibre rallado o en polvo (opcional)
- Tamari

Se dejan en remojo las lentejas por lo menos durante toda la noche. Se escurren, se pone agua limpia, una hoja de laurel, salvia y/o tomillo y se cuecen a fuego muy suave. Se escurren y se dejan enfriar. Se sacan las hierbas. Se cortan las zanahorias en palitos finos y se escaldan 1 minuto. Se escurren y se dejan enfriar fuera de la nevera. Se mezclan delicadamente las lentejas y las zanahorias. Se prepara la salsa mezclando el cilantro picado fino, el aceite de oliva, el zumo del limón, el tamari y el jengibre. Se añade sal si hace falta.

En el plato

Se sirve como primer plato con rábanos negros o rojos, rodajas de cebolla y puerros crudos, hojas de ensalada verde, una cucharada de chucrut u otra verdura lactofermentada, menos en el caso... ¡de que se haya bebido un vaso de jugo de verduras lactofermentadas al principio de la comida!

Comentario

Utilizo el tamari de manera consciente para sazonar las legumbres. Esta salsa lactofermentada aporta enzimas que facilitan la digestión.

▶ Ensalada de peras con queso de cabra

- 4 peras
- 100 g de olivas negras deshuesadas
- 1 queso de cabra fresco
- Zumo de 1 limón
- Aceite de oliva

Pelar las peras, quitarles el corazón y las semillas y cortarlas en daditos. Se vierte el zumo de limón y se mezcla delicadamente. Se mezclan las olivas con el queso de cabra fresco y el zumo de limón. Se añade sal si hace falta (puede ser que las olivas aporten suficiente sal a esta ensalada). Mezclar delicadamente con las peras, y rociar con un chorrito de aceite de oliva.

En el plato

Se sirve como primer plato con una ensalada hecha con una mezcla de canónigos y hojas tiernas de espinacas o de tetragone.

🫦 **VARIANTE GOLOSA**

Utilizar mozzarella en lugar del queso de cabra.

▶ Crepe de avena germinada

- 150 g de avena
- 3 cucharadas soperas de sésamo
- ¾ de litro aproximados de agua
- Sal

Se remoja la avena durante toda una noche y se deja germinar entre 8 y 10 horas. Se hace lo mismo con el sésamo. Se pasan todos los ingredientes en la batidora hasta conseguir una pasta para crepes. Se engrasa ligeramente una sartén y se vierte una capa fina de la pasta. Cuando la crepe se separa de la sartén se le da la vuelta.

Comentario

Esta crepe es más digerible que la crepe habitual, ya que la avena está germinada y no molida, por consiguiente, más viva y predigerida. Lo será más si se cuecen las crepes en una sartén de fondo grueso que no requiera grasa. Se puede hacer lo mismo con el trigo, la espelta pequeña, el alforfón, etc.

▶ Bocaditos de girasol germinado

- 2 tazas de pipas de girasol germinadas
- 4 zanahorias medianas

- 2 cucharadas soperas de puré de almendras
- 2 cucharadas soperas de zumo de naranja
- 1 cucharadita de café de semillas de alcaravea
- 3 cucharadas soperas de coco rallado

Se pasan todos los ingredientes por la batidora. Se forman bolitas, se pasan por el coco rallado y se sirven como primer plato sobre una base de ensalada verde finamente cortada, o sobre hojas de endibia. También se puede untar sobre rebanadas de pan tostado.

▶ Zanahorias a la oriental

- 3 zanahorias medianas
- Zumo de 1 limón
- Aceite de oliva
- Unas ramitas de cilantro fresco cortado
- Cáscara de naranja (opcional)
- Un puñadito de pasas
- Sal

Se lavan las pasas y luego se dejan en remojo media hora en agua fría, o 10 minutos en agua tibia. Se pelan y rallan las zanahorias. Se sazonan con el resto de ingredientes. Se escurren las pasas y se mezclan con las zanahorias. Se añade la cáscara de naranja rallada finamente si se tiene (se conjuga bien con el cilantro fresco).

Comentario

A falta de cilantro fresco, se utilizará cilantro molido y se dejarán algunos granos enteros que serán una sorpresa para el paladar. Un soplo de aroma inesperado alegra el corazón y el espíritu.

Cereales

▶ El *congee*

El término *congee* es de origen chino. Se trata de una sopa espesa de arroz cocido mucho tiempo en un fuego muy suave. Esta sencilla preparación constituye una verdadera cura para nuestro intestino. El comerla ya desde la mañana (como hacen los chinos) es garantizar una buena energía para todo el día, manteniendo al mismo tiempo una sensación de ligereza. Naturalmente, también se puede comer esta sopa por la noche con los mismos resultados favorables, tal como está o sazonada con gomasio, tamari, jengibre fresco, un poco de aceite... Se puede hacer con arroz integral, semintegral o blanco, según las necesidades de nuestro organismo.

El método tradicional

En una cacerola se ponen unos 100 g de arroz con seis a siete veces su volumen de agua fría. Se pone la cacerola sobre un fuego muy bajo durante varias horas. Por ejemplo, se puede poner sobre la estufa de la calefacción por la noche antes de acostarse, y por la mañana estará hecho. Hay que tener la precaución de tapar bien para que no haya demasiada evaporación.

El método más rápido

Se calculan 100 g de arroz por persona con cuatro veces su volumen de agua para el arroz blanco, y seis veces para el arroz integral. Se pone todo en la olla a presión y se cuece al vapor mientras preparamos la comida.

Y todavía más rápido...

Poner en agua fría arroz ya cocido, por ejemplo del día anterior, y hacerlo cocer a fuego bajo hasta obtener una papilla.

En cada caso, el resultado ha de ser una sopa de consistencia media. Ha de haber suficiente líquido como para tener la sensación de apagar la sed.

Comentario

Comer el *congee* sin ningún aderezo es una manera de identificar el sabor dulce específico de los cereales. Cuanto más entremos en contacto con la dulzura de los cereales, más fácil se nos hará renunciar al azúcar. Y no hay que olvidarse de masticar ¡sólo porque es dulce y suave!

▶ Bolitas de arroz con azafrán y espinacas

- 1 kg de espinacas
- 200 g de arroz blanco arborio o semintegral redondo
- Azafrán
- Aceite
- Semillas de hinojo

Se tuesta el arroz en seco. Añadir tres veces su volumen en agua fría. Salar. Añadir una buena pizca de azafrán en polvo o en pistilos. Llevar a ebullición, bajar el fuego al máximo y dejar cocer hasta conseguir un arroz bien cocido de consistencia blanda pero no acuoso. Si es necesario se añade agua. Se lavan las espinacas y se hacen cocer al vapor, espolvoreadas con una buena pulgarada de semillas de hinojo. Se escurren bien y se pican. Salar y mezclar con el arroz. Añadir dos cucharadas soperas de aceite de oliva o de girasol. Remover bien. La consistencia ha de ser al mismo tiempo firme y suave. Se forman bolitas con la ayuda de una cuchara sopera sobre la palma de la mano. Se ponen las bolitas en una fuente redonda.

En el plato

Se sirve con una salsa de tomate. Se puede también colocar las bolitas sobre un lecho de zanahorias cortadas en juliana y cocidas al vapor, aromatizadas con semillas de anís.

Verduras

 ## Zanahorias con sus hojas en salsa blanca

- 4 zanahorias de temporada con sus hojas
- 2 cebollas de temporada con su parte verde
- Tomillo
- Laurel
- 1 taza de leche de arroz
- 1 huevo (opcional)
- 1 cucharadita de café de arruruz o de kuzú

Se cortan las cebollas con su parte verde y las zanahorias con sus hojas (se tiran los primeros centímetros del tallo si estuviera duro). Se cuecen unos 10 minutos con el tomillo y el laurel en medio litro de agua. Se quitan las hierbas, se escurren las verduras y se guarda el agua de cocción. Se deslíe el arruruz, o, todavía mejor, el kuzú en la leche de arroz fría, se añade el caldo de las verduras y se deja espesar a fuego suave. Se mezcla la salsa con las verduras y se sirve caliente.

En el plato
Se sirve con un cereal dulce: arroz, bulgur, etc.

Apio nabo con cúrcuma

- 800 g de apio nabo
- 1 cucharada sopera de aceite de sésamo

- ½ cucharadita de café de semillas de alcaravea
- ½ cucharadita de café de cúrcuma
- Tamari o sal

Se pela el apio nabo y se corta en rodajas de 1 cm de grueso y 3 a 4 cm de largo. Se calienta el aceite de sésamo en una cacerola de fondo espeso y se saltea el apio nabo durante 3-4 minutos. Se espolvorean las semillas de alcaravea y la cúrcuma y se añade medio vaso de agua. Se tapa, se baja el fuego y se hace cocer a fuego muy bajo unos 30 minutos.

Comentario

La cúrcuma es un tónico intestinal. Aquí se utiliza para dar un bonito color amarillo, sobre todo si se piensa servir el apio (que es blanco) con arroz (que también es blanco). El aceite de sésamo se combina muy bien con las verduras de raíz.

▶ Champiñones rellenos de queso de cabra fresco

- 2 champiñones grandes por persona
- 3 quesos de cabra frescos
- 2 dientes de ajo
- Perejil
- Cebolleta o hierbas de Provenza (1 cucharada sopera grande)

Se lavan los champiñones, se les quita el troncho y se colocan sobre una plancha de horno. Se desmenuza el queso y se mezcla con las hierbas cortadas finas y el ajo majado. Se rellenan los champiñones y se cuecen unos 10 minutos en el horno precalentado.

👄 VARIANTE GOLOSA

Se coloca arroz cocido y aromatizado con romero en cuencos individuales, se hace un hueco en medio, se colocan los champiñones rellenos y se cuecen 30 minutos en el horno precalentado a 160 °C. El jugo que se desprende de los champiñones, mezclado con el queso fundido, le dará un sabor exquisito al arroz.

🗣 CONSEJO SALUD

En el caso de colitis y de hinchazón del vientre, se puede renunciar al ajo y aumentar la cantidad de hierbas secas o frescas.

▶ Calabacines con eneldo

- 4 calabacines amarillos o calabacines redondos medianos
- 2 cebollas blancas
- Una pizca de semillas de eneldo
- 1 cucharada sopera de aceite de oliva
- 1 cucharada sopera de arruruz o de kuzú

Se cuecen al vapor los calabacines cortados en rodajas y espolvoreados con semillas de eneldo. Se saltean en aceite de oliva las cebollas picadas. Se sala. Se mezcla el arruruz (o el kuzú) y el jugo de la cocción de los calabacines y se hace hervir unos minutos. Se colocan los calabacines sobre las cebollas, se añade la salsa de arruruz, y se mezcla delicadamente.

Comentario

Naturalmente se pueden utilizar calabacines verdes, pero no puedo resistirme al placer de la mezcla de los colores, como se encuentran en el mercado: el amarillo, el blanco de la cebolla, y el color asalmonado de la pulpa del calabacín redondo.

▶ Endibias braseadas con cilantro

- 1 o 2 endibias por persona
- Aceite de oliva u otro
- Zumo de 1 naranja

- Zumo de ½ limón
- Una pizca de azúcar
- 1 cucharadita de café de jengibre fresco rallado

Se quita la base de las endibias y se cortan en dos en el sentido de la longitud. Se calienta el aceite en una sartén, se hacen dorar las endibias por los dos lados, se cubren con el zumo de limón y el de la naranja, se espolvorean con las semillas del cilantro, se tapa y se deja cocer suavemente.

👄 VARIANTE GOLOSA

Se cuecen las endibias al vapor, se colocan en una fuente para gratinar, se rocían con los zumos, se espolvorean con el jengibre. Se calienta el aceite de oliva en el que se tuestan las semillas de cilantro y se vierte sobre las endibias. Se pone en el horno bajo el grill hasta que adquieran un bonito color dorado.

En el plato
Se sirven con mijo gratinado, con kacha (alforfón gratinado) o en una crepe de alforfón..

Comentario
La endibia es laxante, digerible, regula el flujo biliar y es rica en calcio. Su sabor amargo se acentúa al sumergirla en agua fría, por lo que habrá que lavarla rápidamente. Para que se mantenga blanca, se rocía con zumo de limón antes de cocerla al vapor.

▶ Torta de patatas
- 1 kg de patatas
- 3 cebollas medianas
- 3 huevos
- 3 dientes de ajo
- Cilantro fresco: 3 ramas o más

- 3 cucharadas soperas de maicena
- Sal
- Pimienta
- Aceite

Se cuecen las patatas con su piel. Han de estar bien cocidas pero no deshechas. Se dejan enfriar y se pelan. Se rallan con un rallador grande o se cortan en rodajas, luego se machacan con el tenedor. Se cortan y se saltean las cebollas, se corta el cilantro y se maja el ajo. Se mezclan las patatas, las cebollas, el cilantro cortado, el ajo majado, los huevos, la sal, la pimienta y la maicena. Se calienta el aceite y se van depositando cucharadas de la mezcla aplanándolas en la sartén. Todavía mejor, se forma con las manos una torta de 1 cm de grueso. Si la masa está demasiado blanda se pasa por la harina. Se hace dorar a fuego vivo por los dos lados, luego se continúa la cocción a fuego más suave dándole vueltas varias veces.

👄 VARIANTE GOLOSA

Se puede sustituir el cilantro fresco por semillas molidas o cualquier otra hierba según el gusto (perejil, cebolleta, etc.).

Comentario

Esta receta es útil para aprovechar un resto de patatas ya cocidas. Se puede hacer la misma torta con patatas crudas ralladas.

▶ Sartenada de tofu ahumado y judías verdes

- 250 g de tofu ahumado
- Un buen puñado de judías verdes
- 3 zanahorias pequeñas
- 1 cucharada sopera de aceite al gusto
- Tamari
- Estragón fresco o seco (dos pizcas)

Se corta el tofu en dados de 1 cm, las zanahorias en bastoncillos finos, las judías en trozos de 1 cm. Se calienta el aceite y se saltean las judías y las zanahorias juntas durante 5 minutos, removiendo a menudo. Se añade el tofu, medio vaso de agua, el estragón y el tamari. Se tapa y se deja cocer a fuego suave unos 15 minutos. Las verduras deberán estar crujientes.

▶ Calabaza al horno

- 1 calabaza mediana
- 2 remolachas pequeñas crudas
- Aceite

Se quitan las semillas de la calabaza y se corta en rodajas en forma de media luna de 1 cm de grueso. Se pelan y se cortan las remolachas por la mitad y luego en rodajas finas de 3 mm de grueso. Se engrasa una fuente de horno (preferiblemente de barro). Se colocan las rodajas de verduras alternándolas. Se cubre la fuente con otra, o con una tapa o con papel de aluminio. Se introduce en el horno precalentado y se deja cocer a fuego suave (180 °C) durante 40 minutos o más.

En el plato
Se sirve con crudités y una crema de cereales.

Comentario
Es una manera muy agradable de comer la calabaza. Gracias a la cocción prolongada en el horno ésta desarrolla su sabor a castañas. La remolacha la ponemos por el contraste de colores... y es una ocasión para saborearla también de esta manera.

▶ Guiso de tofu y algas iziki

- 250 g de tofu
- 3 zanahorias pequeñas

- 1 puñado pequeño de algas iziki
- ½ cucharada sopera de aceite al gusto
- 1 cucharada sopera de tamari o de shoyu
- 2 cucharadas soperas de arruruz o de kuzú

Se ponen en remojo las algas en dos vasos de agua fresca durante 15 minutos. Se corta el tofu en dados de 2 cm y las zanahorias en palitos. Se sacan y escurren las algas y se guarda el agua del remojo. Se saltean las zanahorias y las algas en aceite bien caliente durante 5 minutos. Se deslíen dos cucharadas soperas de arruruz (o, todavía mejor, de kuzú) en el agua de remojo de las algas, se vierte sobre los demás ingredientes y se sigue cocinando hasta que espese. Se sazona con tamari o con shoyu.

Postres

▶ Clafouti de invierno con peras (sin azúcar)

- Una docena de ciruelas pasas
- 3 peras bien maduras
- 50 g de copos de avena
- 50 g de sémola de trigo fina
- 50 g de harina de maíz
- 1 taza (1 dl) de leche de arroz
- 50 g de almendras tostadas
- 2 cucharadas soperas de sirope de arroz
- Vainilla
- Canela
- Sal
- Aceite de sésamo

Se ponen a hidratar las ciruelas en 2 dl de agua caliente con 5 cm de vai-
na de vainilla. Después de 15 minutos se sacan las ciruelas y la vainilla
y se reserva el agua del remojo a la que se añade el sirope de arroz. Se
mezclan los copos de avena con la sémola de trigo, la harina de maíz,
la canela y una pizca de sal. Se humedece con el agua del remojo de las
ciruelas y la leche de arroz. Se pelan las peras, se les quitan la semillas,
y se cortan en cuartos y cada cuarto se corta en dos. Se calienta bien
una sartén de fondo grueso, se echa un poco del aceite de sésamo y se
saltean los trozos de pera manipulándolos delicadamente, y de manera

que estén doradas por los dos lados. Se deshuesan las ciruelas. Se cubre con las almendras tostadas el fondo de un molde para horno. Se colocan los trozos de pera y las ciruelas. Se vierten la mezcla de copos y de las harinas. Se cuece al horno durante una hora a 180 °C.

▶ Delicia de arroz con azafrán y coulis de frutas rojas

- 1 vaso de arroz redondo blanco
- 2 cucharadas soperas de aceite de sésamo
- 1 cucharadita de café de semillas de fenogreco
- 2 cucharadas soperas de azúcar de caña
- Una pizca de azafrán
- Coulis de frutas rojas al gusto

Se lavan el arroz y el fenogreco y se ponen en remojo por separado en agua fría. Se calienta el aceite, se añade el fenogreco, se remueve y se añade el arroz. Se deja que el arroz y el fenogreco juntos cojan color. Se cubre con tres volúmenes de agua fría, se añade el azúcar y el azafrán. Se deja cocer a fuego bajo con la cacerola tapada hasta la absorción completa del agua. Se apaga el fuego y se deja tapado para que se infle todavía durante unos 10 minutos. El arroz ha de quedar muy suave. Se sirve caliente o frío, según la estación.

En el plato

Se hace una bola con la ayuda de un molde o con las manos, y se deposita sobre una base de coulis de frutas rojas... Un hermoso contraste de colores: el amarillo y el rojo. Eventualmente, se puede espolvorear con coco rallado.

🗣 CONSEJO SALUD

En caso de estreñimiento se servirá con una compota de ruibarbo o de manzana.

▶ Tarta de yogur con tres harinas

- 1 tarro de yogur de soja natural
- 1 molde de yogur de crema de arroz (harina cocida)
- 1 molde de yogur de crema de avena (harina cocida)
- 1 molde de yogur de crema de soja (harina cocida)
- 100 g de margarina vegetal
- 1 bolsita de levadura
- 3 huevos
- 2 cucharadas soperas de sirope de ágave

Se mezclan por orden: el yogur de soja y el sirope de ágave. Luego las harinas y la levadura. A continuación la margarina ablandada al baño maría. Luego los huevos enteros. Se vierte todo en un molde rectangular y se cuece al horno a 180 °C durante 25 minutos.

Comentario

Hay que distinguir entre harinas (crudas) y cremas (harinas cocidas), que requieren menos tiempo de cocción. Las de avena y de soja son cremas dulces y permiten reducir la cantidad de azúcar en los postres.

● VARIANTE GOLOSA

Se puede utilizar yogur de soja con fruta. En este caso, como la mezcla ya estará dulce, se puede omitir el sirope de ágave.

▶ Tarta de manzana con «carouba»[1]

- 100 g de harina de espelta pequeña
- 4 huevos
- 3 manzanas dulces pequeñas
- 2 cucharadas soperas de «carouba»

---

1. «Carouba» es una pasta preparada con avellanas, aceite de palma, melaza de algarrobo y azúcar puro de caña.

- 50 g de aceite de girasol
- ½ bolsita de levadura
- Dos pizcas de regaliz triturado
- Una pizca de sal

Se pelan las manzanas, se cortan a trocitos y se cuecen añadiendo una pizca grande de regaliz en el agua de cocción. Se baten los huevos, se añade el aceite, la levadura, la sal, el «carouba» y finalmente la harina. Se escurren las manzanas. Se vierten cuatro cucharadas soperas del caldo de cocción en la masa que se mezcla con las manzanas. Se cuece al horno a 180 °C durante 30 minutos. Se hace la prueba del cuchillo para ver si la tarta está cocida.

▶ Halwa con anís verde

- 1 vaso de sémola fina de trigo
- Un puñado de uva pasa
- 1 manzana dulce
- 2 cucharaditas de café de canela
- 4 cucharadas soperas de sésamo tostado
- 2 cucharadas soperas de miel
- 1 cucharadita de café de semillas de anís verde

Se hace hervir el anís 3 minutos en tres tazas de agua. Se filtra y se guarda el agua. Se ablandan las pasas en una taza de agua ligeramente salada durante un cuarto de hora. Se escurren. Se pela la manzana, se corta en cuartos y luego en láminas finas. En una cacerola se tuesta la sémola en seco hasta que presente un color marrón y un agradable olor a tostado. Se retira la cacerola del fuego, se echa la infusión de anís en la sémola y se mezcla bien para evitar los grumos. Se añaden las pasas, la manzana cortada en láminas finas, la canela, la miel, una pizca de sal. Se vuelve a poner al fuego y se cuece unos 5-6 minutos a fuego suave removiendo bien. Se apaga el fuego, se tapa y se deja reposar 10 minutos. Se unta una fuente redonda y poco profunda que servirá de molde (puede ser un plato hondo, por ejemplo). Se decora el fondo del plato con el sésamo tostado y se vierte la sémola. Se deja enfriar y se vuelca en una bonita fuente redonda. Ahora el sésamo está arriba.

Añadir almendras fileteadas y tostadas.

▶ Manzanas al horno con tahini y miel

- 1 manzana por persona (golden, reineta)
- 1 cucharadita de café de tahini integral
- 1 cucharadita de café de miel

Se vacían las manzanas. Con la punta de un cuchillo se hacen dos incisiones laterales en las manzanas de 2 cm de largo, para que la piel no reviente durante la cocción. Se mezcla el tahini y la miel, y se rellena el interior de las manzanas antes de colocarlas sobre una fuente engrasada ligeramente. Se cuecen al horno a 180°C entre 30 y 40 minutos. Se recoge el jugo que pueda haber rezumado durante la cocción y se vierte sobre las manzanas. Se sirven tibias.

▶ Soufflé de yogur de soja con coulis de albaricoques

- 4 tarros de yogur de soja natural
- 4 claras de huevo
- 100 g de coulis de albaricoques
- 1 cucharada sopera de maicena
- La cáscara de ½ limón
- Una pizca de sal

Se mezclan con delicadeza los yogures de soja, el coulis (guardar dos cucharadas soperas para la decoración), la cáscara de limón y

la maicena. Se montan las claras a punto de nieve firme y se mezclan delicadamente (se guardan las yemas para otra preparación). Se
vierte en moldes individuales y se cuece 20 minutos en el horno ya
caliente. Se sirve tibio o frío con un toque de coulis de albaricoques
por encima.

◯ VARIANTE GOLOSA

Se pueden utilizar otros coulis: de frambuesa, de fresa, de moras, de
saúco... o un yogur de fruta. Comentario: ahora se encuentra maicena
biológica garantizada sin OMG. Se puede prescindir de ella en esta receta, pero entonces hay que añadir otras dos claras.

▶ Sopa de melocotones

- 6 melocotones amarillos
- 4 melocotones blancos
- 2 cucharadas soperas de miel
- ½ cucharada sopera de canela
- Una decena de hojas de menta fresca
- Zumo de una naranja

Se pelan los melocotones amarillos y se cortan en cuartos. Se mezclan
con la miel, la canela y el zumo de naranja. Se vierte en una ensaladera y
se añaden las hojas de menta enteras. Se pelan los melocotones blancos
y se cortan en cuartos, y luego cada cuarto en tres y se añaden a la sopa.
Se pone al fresco dos horas antes de servir.

▶ Tarta de calabaza (mouvé o panaí en provenzal)
La pasta:
- 12 cucharadas soperas de aceite de oliva
- 12 cucharadas soperas de agua
- 250 g de harina (por lo menos)

- Una pizca de sal
- Aceite para engrasar el molde

El relleno:
- Una buena porción de calabaza amarilla
- 8 cucharadas soperas de miel de lavanda
- 8 cucharadas soperas de almendras molidas

Se prepara la calabaza la noche anterior. Se pela, se cuece al vapor y se deja escurrir en el chino toda la noche. Se guardan doce cucharadas soperas del agua de la cocción para la pasta. Se mezcla el aceite, el agua, la harina y la sal hasta obtener una masa elástica. Se extiende con un rodillo y se dispone sobre un molde engrasado (molde para tarta de 30 cm de diámetro). Se guarda una pequeña cantidad de pasta para la decoración. Se calienta el horno a 180 °C, y se mete la base de la tarta cubierta de judías secas o de garbanzos para que no se infle durante la cocción. Se pone el termostato a 200 °C y se hace cocer 5 minutos. Se mezcla la miel, las almendras molidas y la pulpa de la calabaza bien escurrida y aplastada burdamente con el tenedor. Se deja entibiar. Se extiende la mezcla sobre la base de pasta precocida. Se decora con la pasta reservada, poniendo tiras cruzadas. Se pone en el horno a 180 °C y se deja cocer 25-30 minutos.

Le debo esta receta a Jeanne, la guardiana de las tradiciones de nuestra aldea.

Bebidas

▶ Una tisana calmante

Se pone a calentar un litro de agua lo más pura posible. Se apaga el fuego justo antes de empezar a hervir. Se añaden dos pizcas de cada planta: lavanda, tila, mejorana, malva... Se tapa y se deja reposar entre 5 y 8 minutos. Se bebe bien caliente, si es posible sin endulzar. Se toman dos tazas diarias.

▶ Té de arroz tostado

Para limpiar los intestinos y los órganos:
- 3 cucharadas soperas de arroz integral
- 10 cm de alga kombu

Preparación

Se tuesta el arroz en seco. Se calienta un litro de agua con el trozo de alga kombu. Se vierte el arroz y se hace hervir a fuego suave durante media hora. Se filtra. Se guarda el arroz para añadirlo a una receta. Se bebe el líquido caliente tal como está o sazonado con una pequeña cantidad de shoyu.

▶ Té de «tres años»

El té de «tres años», o bancha, es un té muy suave, que no excita. Lo hay en hojas (bancha) y en ramitas (kukicha). Se calienta en seco una pizca de té por taza, se añade el agua y se hace hervir 3-4 minutos. Se deja descansar algunos minutos antes de servir. Lar ramitas han de hervir unos 10 minutos y se pueden volver a utilizar.

▶ Té verde

El té verde, de naturaleza fresca, es entre todos los tés el que tiene mayor poder de hidratación. Favorece la producción de líquidos orgánicos, elimina las toxinas y deshechos almacenados en el organismo, permite disolver y eliminar las materias grasas. Favorece la micción, lubrifica el intestino grueso, facilitando así la evacuación de las heces. No inundemos el organismo de líquidos: tomemos varias veces al día una tacita de té tibio. *Véase* el capítulo «El té, un elixir de juventud» en el libro de Jean Pélissier: *Secretos de centenarios*, autoedición, 4 rue Martigny, 13008 Marseille, 1995.

Preparación tradicional

Se utilizará un agua tan pura como sea posible. Se lleva a ebullición y en cuanto empieza se apaga el fuego. Se enjuaga la tetera con un poco de esta agua. En el fondo de la tetera se deposita una pizca de té por persona. Se vierte el agua. Se espera 2 minutos antes de servir este primer té ligero y aromático. Se lleva a ebullición otra agua y se vierte en la tetera. Se espera entre 1 y 2 minutos. Se sirve esta segunda infusión que ahora tiene verdadero gusto de té. Se vuelve a empezar para una tercera infusión con el mismo té. El tanino se desarrolla, el gusto se vuelve un poco acre. Ahora verdaderamente empiezan a actuar sus cualidades medicinales.

Preparación rápida

Se pone la cantidad de té deseada en el fondo de una tetera o de una taza individual. Se vierte el agua caliente. Se tapa y se deja en infusión de 4 a 5 minutos. Las hojas van al fondo y el té se pone tibio. Se puede hacer té con las mismas hojas tres o cuatro veces a lo largo del día.

Comentario
La hojas de té usadas son un muy buen fertilizante para nuestras flores.

CUARTA PARTE

PREVENCIÓN

Alimentos para un bienestar de base

En los capítulos que preceden, el lector ha podido descubrir unas reglas alimentarias dirigidas a mejorar los problemas digestivos. En las páginas siguientes, proponemos unos alimentos y unos modos de preparación para el día a día que actuarán de manera global sobre el organismo y el sistema digestivo.

Básicos

Miso

El miso es una pasta salada a base de soja, de arroz integral o de cebada, obtenida tras una larga fermentación de uno a tres años en toneles de madera. El miso aporta aminoácidos que completan y equilibran los cereales y permiten una mejor asimilación y utilización de las proteínas vegetales. Aporta también una flora bacteriana rica en enzimas, producida durante la lactofermentación, que mantiene la flora intestinal en buen estado. Es también una fuente importante de vitamina B_{12}. El miso viene de la tradición ancestral japonesa, donde se recomienda una taza de miso para el desayuno, para empezar la jornada con el estómago en buenas condiciones digestivas y para aprovechar mejor los alimentos de las comidas siguientes.

En nuestros días el miso, lo mismo que el tamari y el shoyu, se ha convertido en un ingrediente básico de una alimentación moderna, sana y equilibrada. Desde hace un tiempo se encuentra un miso de arroz de pasta muy suave, poco salado, que se puede utilizar sin diluir, para untar directamente sobre el pan: el *shiro miso*.

Tamari

Es una salsa a base de judías de soja y de sal, fermentada en toneles de madera durante 18 meses. Se trata de una lactofermentación, lo mismo que en el caso del miso, que es también rica en aminoácidos, en enzimas útiles para el buen funcionamiento de la flora intestinal, y en vitamina B_{12}. Sirve para preparar las salsas que acompañarán los fritos, para preparar vinagretas, y para aderezar las sopas, el tofu, etc.

Shoyu

El shoyu es una fermentación de soja y trigo. Es más suave y menos salado que el tamari, realza el gusto de los alimentos sin disfrazarlos. Es un aderezo sano y fácil de utilizar. Aromatiza los caldos, las salsas, las vinagretas. Hay que vigilar de no abusar de su buen sabor, porque es muy concentrado en sal (18 %) así como el tamari. El miso, el tamari y el shoyu se encuentran en las tiendas de productos biológicos. La salsa de soja que se compra en los supermercados y en las tiendas chinas es una fermentación química rápida (entre 7 y 21 días), con un añadido de glutamato monosódico, colorantes, arroz y soja transgénica... ¡que se sepa!

Ciruelas umeboshi

También éstas son de origen japonés. Se trata de ciruelas recolectadas antes de estar maduras, y maceradas en sal durante muchos meses, incluso años. Se trata, pues, de una lactofermentación. Esto permite la íntima combinación de una fuerte salinidad y una fuerte acidez, que las convierte en estimulantes de las funciones digestivas (especialmente hepáticas e intestinales). Se ha de utilizar con moderación.

En el Japón se emplean como condimento, medio de conservación y remedio. Cuando salen de viaje, los japoneses se llevan unas bolitas de arroz rellenas de una ciruela umeboshi, lo que permite que el arroz se conserve durante varios días, incluso en los calores más fuertes. Las umeboshi se utilizan también como remedio contra las dolencias del estómago y del vientre, las diarreas, los dolores de cabeza. Se pueden utilizar las umeboshi como condimento en las salsas y los caldos cortos.

Arruruz

El arruruz es una fécula extraída del rizoma de la *Marantha arundinacea*, una planta cultivada en las regiones tropicales. Es de fácil digestión, y se conoce generalmente por su utilización para preparar papillas ligeras para los bebés, y sobre todo para espesar sopas, salsas y postres. Es un buen regenerador de la flora intestinal, y se utiliza comúnmente en farmacia. Tiene una gran capacidad de aumentar de volumen y contiene calcio, y es cómodo de utilizar para las personas que no toleran los huevos. Como espesante, el arruruz permite preparar salsas excelentes: una cucharada sopera sustituye un huevo.

Receta base del arruruz

Se deslíe el arruruz en un poco de agua fría. Se vierte en otro líquido caliente (caldo de verduras, zumos de fruta, etc.). Se cuece a fuego suave removiendo continuamente hasta que espese.

Kuzú

El kuzú es una fécula extraída de una raíz silvestre muy vivaz. Tiene propiedades parecidas a las del arruruz (regenerador de la flora intestinal) pero mucho más fuertes. Es un verdadero medicamento para el intestino. Su coste es mucho más elevado, por ello se puede reservar su uso a las crisis agudas durante 2 a 3 días para restablecer el equilibrio intestinal.

Preparación y uso

Como para el arruruz. *Véase* también el uso del kuzú como remedio en «bebidas». El arruruz y el kuzú tienen asimismo la propiedad de neutralizar parcialmente la acidez.

Gomasio

Condimento que se prepara con sésamo integral tostado y sal.

El **sésamo** es especialmente rico en proteínas (22 %), contiene todos los aminoácidos, la vitamina E y sales minerales: calcio, silicio, hierro y manganeso. Es difícil que los jugos digestivos consigan desintegrar la semilla entera. Se ha de romper por lo menos en tres partes. Por ello son tan interesantes el gomasio y el tahini.

Vinagre

Se utilizarán de preferencia los vinagres más suaves como el de sidra o también el de arroz, que es especialmente suave. El vinagre de umeboshi es muy eficaz por su baja acidez (2,6) y su bonito color rojo. Se trata en realidad del jugo que se recoge durante la lactofermentación de las ciruelas umeboshi. Es muy salado, por lo que se evitará añadir sal.

Cereales reguladores

Para que nuestros alimentos sean sanos han de estar vivos, es decir lo más frescos posible y haber sufrido la menor transformación posible. También habrá que utilizar, tan a menudo como podamos, cereales en grano entero, antes que transformados (como la harina y la pasta). Los cereales integrales son ricos en fibra y, por tanto, son buenos para quienes tengan tendencia al estreñimiento. En el caso de predisposición a sufrir colitis o hinchazón del vientre, es preferible utilizarlos semintegrales y/o mondados. Cuando se digiere mal un cereal, antes que eliminarlo habrá que buscar la causa, que a menudo es una mezcla de ingredientes, una masticación insuficiente, o una cantidad excesiva. Son suficientes 40 g por persona.

Por otra parte, los cereales sólo son digeribles cuando están bien cocidos y bien masticados. A continuación, damos algunas normas básicas para una buena asimilación de los cereales:

- remojarlos antes de cocinarlos
- una cocción prolongada a fuego suave
- evitar combinarlos con productos animales
- una masticación correcta (por lo menos quince veces cada bocado, unas treinta sería todavía mejor).

1. Tiempo de remojo: puede ir desde dos a varias horas, o, todavía mejor, toda la noche (en ese caso hay que tirar el agua del remojo). Para la mayor parte de los cereales, la germinación del grano empieza después de dos horas. Se aprovecha entonces la energía formidable de una nueva vida... que se conserva a través de la cocción al vapor.

2. Variar los métodos de cocción: en estofado, al vapor, al horno, tostándolos en seco antes de cocerlos (¡qué maravilloso aroma de avellanas tiene el arroz tostado!).

3. Variar los cereales según las estaciones: la avena, que calienta mucho, en invierno (*porridge* con copos de avena), la cebada, fresca y suave, en verano, el arroz en cualquier estación, el alforfón y el centeno en invierno, el trigo y la quinoa en verano. Granos largos e integrales, cocción más seca, en invierno; granos redondos y semintegrales, cocción más húmeda y esponjosa en verano. El comer de vez en cuando los cereales sin sal permite realzar su sabor dulce.

Comentario

Cuando se tiene un intestino frágil, a menudo se es sensible al gluten.

Entonces habrá que dar la preferencia a los cereales sin gluten (arroz, quinoa, alforfón, mijo), o con un contenido más bajo del mismo (centeno, espelta pequeña, kamut). En todos los casos, es preferible que cada uno experimente por sí mismo.

4. ¿Por qué es necesario masticar bien?
* La masticación activa la producción de saliva que inicia la digestión.
* Una gran parte de la digestión se hace ya en la boca. La insalivación, por parte de las enzimas contenidas en las mucosas de la boca, prepara el bolo alimenticio y la masticación lo reblandece, lo calienta y envía al estómago un bolo predigerido. Imaginemos el estómago como una olla sobre el fuego. Si echamos grandes trozos fríos, el fuego de la digestión (energía del riñón) ha de aumentar, y la cocción (digestión) se alarga en proporción.

Arroz

El arroz es el cereal más fácil de digerir y de asimilar. Su composición química es la más próxima a la del plasma humano. Es un cereal sin gluten y, por tanto, adecuado para las personas que padecen alergias. Es especialmente equilibrado, fácil de asimilar, y recomendado para las personas sedentarias, para los enfermos, para los convalecientes y para quienes tienen un sistema digestivo en mal estado. La cura de arroz, si no se alarga demasiado en el tiempo, constituye, un poco como el ayuno, una cura de desintoxicación para el organismo. De todos los cereales, el arroz es el menos rico en proteínas. Por ello es necesario acompañarlo con legumbres (en la misma comida) si se toleran, o con proteínas bajo forma de shoyu, tamari, miso, tofu, como hacen los asiáticos.

Por su sabor suave y neutro, es muy fácil de cocinar infinidad de platos con una única variedad de arroz. ¿Qué decir entonces de las decenas de variedades que tenemos disponibles? Hace apenas cincuenta años, en la India, país de origen del arroz, existían entre 30.000 y 200.000 variedades. Hoy en día se habla de 160...

Mijo

El mijo es rico en magnesio, silicio, hierro, manganeso y en las vitaminas A y B. Ensucia menos que el trigo, no tiene gluten y, por tanto, se aconseja a los que son alérgicos, además calienta menos que la avena, es fácil de digerir y se cuece deprisa. Se come casi siempre en grano, pero desde hace un tiempo se encuentra en copos, en crema precocida, lo que facilita su uso en sopas, salsas y postres.

Alforfón

Es muy rico en minerales, especialmente el magnesio. Se come ya sea como harina, pero cuidado con la cantidad (riesgo de estreñimiento), ya sea en grano, generalmente tostado: es el kacha un modo de comerlo tradicional en Rusia y en toda Europa oriental.

Como aperitivo, los granos de alforfón tostados son mucho más nutritivos que los chips y los cacahuetes.

Centeno

Energético y constructor de las células. Sus fibras, constituidas de salvado y de mucílagos, protegen los intestinos y son un laxante suave. El centeno se utiliza esencialmente como pan, pero comido en grano es delicioso. Se cuece lo mismo que el arroz integral. Por otra parte, no hay que olvidar que es uno de los granos para germinar.

Quinoa

Entre todos los cereales, la quinoa es la más rica en proteínas, aminoácidos y sales minerales. Su cocción es muy rápida (10-15 minutos) y su utilización es fácil: como el arroz, se puede añadir a las sopas, y entra a formar parte de los postres, bajo forma de harina, crema precocida, granos inflados. Desgraciadamente la quinoa, sobre todo si se asocia a las cebollas, provoca hinchazón del vientre en algunas personas. Desde hace un tiempo se encuentra en el mercado una quinoa roja, aparentemente más digerible.

Alimentos lactofermentados para la flora intestinal

La vida moderna, con sus excesos (demasiado estrés, demasiados medicamentos, alimentación demasiado refinada −ausencia de fibras−, desvitalizada, con demasiado azúcar) genera una acidificación del medio bacteriano en los intestinos, con el resultado de la destrucción de la flora intestinal y las patologías que de ello se derivan. Los alimentos lactofermentados, por su riqueza en ácido láctico, permiten corregir la acidez (el pH) y obtener así una regeneración rápida de la flora intestinal. Los alimentos fermentados son muy digeribles, ya que la fermentación predigiere los cereales, las legumbres y la leche. Están enriquecidos con elementos nutritivos, sobre todo las vitaminas C y del grupo B, así como proteínas y aminoácidos esenciales. Ayudan también a la fabricación de sustancias antibióticas. Las fermentaciones más conocidas son el pan con levadura, el chucrut, las olivas. Hoy en día se puede encontrar en las tiendas de productos naturales y biológicos toda una gama de verduras (puerros, remolachas, coles, apio, zanahorias, ciruelas umeboshi) y jugos de verduras lactofermentados: remolachas, zanahorias, mezcla de verduras, jugo de chucrut.

¿Cómo se utilizan?

Sobre todo crudos, en pequeñas cantidades, dos bocados son suficientes al principio de la comida para iniciar la digestión, acompañando los cereales, cuando en el menú hay alimentos bien cocidos que, por ello mismo, están necesariamente algo desvitalizados. Para introducir alimentos vivos, se pueden comer estas verduras como cualquier otra ensalada, con o sin aceite.

Se pueden también mezclar con otras verduras, crudas, escaldadas, o cocidas (patatas): se consiguen interesantes ensaladas rápidas y fáciles, ya que no se necesita ningún aliño: ni sal, ni vinagreta, ni ningún otro condimento.

Cocidos: esencialmente la col, el famosos chucrut (muy digerible sin el exceso de charcutería) que se puede variar al infinito. *Véase* la receta del chucrut vegetariano en la página 113.

Jugos: un vasito al día al principio de la comida, sin nada, o –de acuerdo con la tradición del aperitivo– con un poco de sal de apio, pimienta, tomillo, etc., en las sopas, al final de la cocción, para dar frescor, acidez, vida, y un hermoso color (por ejemplo el de la remolacha), y como aderezo para las ensaladas.

Mi experiencia

Fabricar las propias verduras lactofermentadas, participar en la transformación de la vida, en su mejora, es una experiencia maravillosa, sobre todo... cuando se obtienen resultados: un sabor ácido y dulce a la vez, un ligero burbujeo refrescante, un olor agradable. Para ello son necesarias determinadas condiciones: agua buena, un lugar con temperatura constante y moderada, una presencia en esta vida que bulle mientras se transforma, pero esto no siempre es fácil: el ritmo de la vida de ciudad, en viviendas sobrecalentadas, un agua demasiado clorada, etc. Hay que informarse también sobre las molestias (¡aparte el olor!) de una fermentación mal hecha...

Yo no quiero desanimar a nadie, sino llamar la atención sobre el hecho de que es tan fácil acertar como fracasar, y que para tener éxito son necesarias ciertas condiciones: perseverancia... y respeto para «criar» esa materia viva.

Mi solución

1. Pickles siempre disponibles, fáciles y rápidos : utilizo un cuenco de plástico con un disco en medio y una pieza que funciona como un tornillo y que permite ajustar la presión del disco sobre las verduras. Aquí coloco todos mis pequeños restos de verduras, cortados en tiras, solos o mezclados, espolvoreo un poco de sal y de semillas aromáticas (eneldo, mostaza, comino, etc.), ajusto la tuerca... Están preparados al cabo de algunas horas para las verduras más acuosas, y de dos a tres días para las más densas. Recojo el poco jugo valioso y lo ofrezco a mis comensales en vasos pequeños de licor, al principio de la comida como aperitivo y digestivo al mismo tiempo. El aparato se compra en las tiendas de productos biológicos, dietéticos y macrobióticos.

2. Pickles con miso. Se trata simplemente de poner las verduras en el miso escogido. Puesto que éste ya está salado y lactofermentado, rápidamente transformará las verduras en pickles aromáticos y sabrosos.

Cómo hacer
Se lavan cuidadosamente todas las verduras de raíz (no se pelan si no es necesario). Se cortan en láminas o en bastoncillos y se mezclan bien con el miso escogido. Se ponen en un tarro bien cerrado y se guardan en lugar fresco o en la nevera. El apio nabo preparado de esta manera es una verdadera delicia. También se puede conservar así la cáscara de naranja y de limón.

Especias para equilibrar

He escogido aquí las especias que tienen una acción favorable para el restablecimiento y/o el mantenimiento del buen equilibrio de los intestinos. La lista no es exhaustiva. Sólo menciono las que utilizo habitualmente.

Alcaravea (o comino de prado)

Sus propiedades son parecidas a las del comino pero su sabor es más fuerte y no se puede sustituir el uno por el otro en las recetas. Es aperitiva y digestiva, favorece la eliminación de los espasmos y de los gases. La alcaravea se utiliza para las preparaciones a base de quesos fermentados, galletas saladas, verduras (sobre todo la col).

Anís estrellado (o badián)

Calma los dolores intestinales, facilita la digestión, combate la pérdida del apetito. Es preferible guardar las estrellas enteras, ya que molidas pierden su aroma muy rápidamente.

Anís verde

Es una semilla de aroma suave y un fuerte sabor a regaliz ligeramente azucarado. Fortalece el estómago, regula la circulación de la energía, facilita la digestión y alivia las flatulencias.

Arañuela

Semillas pequeñas, negras, con sabor a pimienta y delicadamente perfumadas de limón. Efectivas contra la indigestión, ya que facilita la emisión de los jugos gástricos e intestinales.

Azafrán

Facilita la digestión, controla las flatulencias, evita la hinchazón del vientre, activa la circulación y disipa el estancamiento de sangre y de energía. Desaconsejado durante el embarazo.

Canela

Los aceites esenciales de la canela (eugenol, aldehído cinámico) tienen efectos antibacterianos en el intestino. Esta especia puede así contribuir a limitar las fermentaciones intestinales debidas a las bacterias «malas».

Cardamomo

Favorece la digestión, alivia las flatulencias y los dolores de estómago, neutraliza la cafeína (piénsese en la tradición de Oriente Próximo del café con cardamomo), es útil contra la hinchazón abdominal (una cucharadita de café de cardamomo molido en una taza de agua hirviendo, se bebe de dos a tres tazas diarias). Excelente antiséptico. Masticado, purifica el aliento.

Cilantro

Facilita la digestión, es útil en el caso de hinchazón abdominal y de estreñimiento. Sus efectos terapéuticos se obtienen por decocción: ½ cucharadita de café de semillas para una taza de agua.

Comino

Normaliza la digestión, estimula el apetito, útil en el caso de hinchazón abdominal y de diarrea. A menudo se utiliza con las legumbres y las coles para disminuir las eventuales flatulencias. Tiene un aroma fuerte, con un gusto amargo y picante. Al tostarlo pierde el sabor picante y suelta un aroma de avellana, y mezclado con el cilantro pierde lo amargo. El comino negro es más suave. Para una decocción: ½ cucharadita de café de semillas para un tazón de agua, se reduce a la mitad sobre un fuego suave. Se toma dos veces al día.

Cúrcuma

Antiinflamatoria y antiséptica, carminativa. Se le llama el azafrán de los «pobres». Su bonito color amarillo permite dar color a los postres, a los arroces e incluso a las verduras, pero hay que vigilar la cantidad a causa de su sabor amargo.

Eneldo

Efectivo contra las flatulencias. Las semillas tienen un sabor más fuerte y más amargo que las hojas. En Oriente Próximo se utiliza mucho para aromatizar las verduras, los pasteles y los caramelos.

Estragón

Muy efectivo para eliminar gases y fermentaciones.

Fenogreco

Emoliente, laxante, tónico. Es una fuente importante de vitaminas y de sales minerales cuando está germinado. Tiene sabor amargo y un aroma suave de apio. Se utiliza para hacer panes y repostería. Se mezcla bien con las verduras, especialmente las verduras de raíz dulces como la zanahoria.

Hinojo (semillas)

Estimulante digestivo, reduce la hinchazón, y fortalece el estómago. También es rico en vitaminas A, B, C. Masticado, perfuma el aliento y estimula la digestión. Favorece la subida de la leche.

Jengibre

Calienta, es un estimulante digestivo, un tónico general, activa la circulación y neutraliza las toxinas. Es bueno en caso de vómitos, diarreas, dolores y frío en el vientre.

Macis

Se trata del tegumento leñoso que recubre la nuez moscada. Es más suave y más aromático que la nuez. Útil en caso de hinchazón del vientre.

Pimienta

Estimula el sistema digestivo.

Pimienta de Sichuán

Abre el apetito y facilita la digestión. Entra en la preparación de las «cinco especias». Se le llama «la flor de la pimienta». Tiene sabor anisado, muy aromático, picante con un toque a limón. Tostado es todavía mejor.

Zumaque

El zumaque cura las fiebres y las molestias digestivas. Es un polvo rojo oscuro, de sabor claramente acidulado, y con un delicado aroma a limón. El zumaque se utiliza en sustitución del limón y del vinagre, pero también para alegrar los platos con su bonito color. Se puede simplemente espolvorear sobre las verduras y las crudités.

Dos tisanas digestivas

▶ Infusión de anís, albahaca, menta y ajedrea
- Una pizca de cada en 1 litro de agua hirviendo
- Se tapa y se deja en infusión
- Se toma por la noche

▶ Infusión de hojas de apio
- Un puñado de hojas frescas o secas para 1 litro de agua
- Se toman de tres a cuatro tazas diarias

La manzana protectora

La manzana, como el arroz, ocupa un lugar privilegiado en una alimentación que tienda a proteger el intestino. Gracias a sus propiedades como desintoxicante, depurativa y regeneradora de los tejidos, se recomienda en las curas (lo mismo que la uva y el arroz integral). Normaliza las funciones intestinales, y por eso mismo es tan eficaz contra la diarrea como contra el estreñimiento. «Como depurativo: una manzana cruda cada mañana» (J. Valnet). «Como laxante, una manzana cruda cada noche» (J. Valnet). «Contra las diarreas infantiles: la fruta rallada cruda» (J. Valnet).

Es preferible comer la manzana, como todas las demás frutas, lejos de las comidas y masticarla bien si se quiere evitar las flatulencias. Si las manzanas son biológicas, se pueden comer con la piel. Las pieles se pueden secar y utilizar en tisanas, muy aromáticas. Una pizca de sal en las compotas resaltará el sabor dulce de la fruta. En caso contrario, se añadirá miel, uva pasa lavada, que se cocerán con las manzanas. Se puede también cocer las manzanas en una decocción de regaliz. Las manzanas maduras se cuecen más rápidamente que las manzanas dulces.

Usos

Para que actúen como remedio para el intestino, las manzanas se han de comer lo más a menudo posible, crudas, en jugos o en preparaciones sencillas (compotas, purés, o cocidas al horno). Aparte de los numerosos usos como postre, se pueden añadir a las ensaladas (con endibias, apio, achicoria, col, zanahorias...), pero también en los platos calientes (coles, tagine, etc.).

Mis recetas

▶ Manzanas ralladas

Se ralla una manzana biológica con su piel. Se añade una cucharada sopera de miel y el zumo de un limón. Se deja reposar unos minutos antes de comerla.

👄 VARIANTES

A la preparación anterior se añaden dos cucharadas soperas de copos de avena, hidratados en media taza de agua, y algunas nueces ralladas, o una cucharadita de café de puré de almendras. Las mezclas de copos (mijo, alforfón, quinoa, etc.) y de puré de oleaginosas pueden ser infinitas.

▶ Algunas mezclas apropiadas para el zumo de manzana

Zumo de manzana, zumo de uva, de naranja:

- ⅓ parte de cada uno de ellos y una cucharadita de café de miel
- Zumo de manzana ⅔ partes y zumo de limón ⅓ parte
- Zumo de manzana y zumo de zanahoria a partes iguales

▶ Bebida de invierno con manzanas reineta

- 1 kg de manzanas
- 1 limón
- Una pizca de sal

Se escogen manzanas reineta maduras, se lavan y, sin pelarlas ni quitarles las semillas, se cortan en rodajas finas. Se ponen en un pote de gres con la cáscara de limón y una pizca de sal fina. Se añaden dos litros de agua hirviendo y se mantiene al calor en un rincón de la estufa durante 3 horas. Al momento de servir se añade el zumo de un limón. Se toma tibia.

▶ Compota de manzanas

- 1 kg de manzanas biológicas dulces
- Una pizca de sal
- La cáscara de ½ limón

Se pelan las manzanas, se cortan en cuartos y se quitan las semillas y sus celdillas coriáceas. Se colocan en una cacerola, se añade medio litro de agua fría, una pizca de sal y el zumo de limón. Se cuece 15 minutos a fuego suave. Terminada la cocción, se puede añadir una manzana cruda cortada en dados minúsculos. La compota se puede comer tibia o fría.

▶ Compota de manzanas con kuzú

Se espesa la compota con kuzú, diluido en un poco de agua fría, que se vierte en la compota al final de la cocción. Se le vuelve a dar un hervor para que espese (*véase* la pág. 195 sobre la utilización del kuzú).

Comentario

Esta receta es un verdadero remedio en caso de problemas intestinales y de fatiga. Se puede hacer una pequeña cura de 24 a 72 horas. Se comerá a voluntad.

▶ Puré de manzanas

Se lavan las manzanas y se cortan en cuartos sin pelarlas. Se quitan las semillas con sus celdillas coriáceas. Se ponen a hervir con un vaso de agua, una pizca de sal y la cáscara de medio limón durante unos 20 minutos o más (tiempo para que la piel se ponga tierna). Se pasa por la batidora.

👄 **VARIANTES**

Se puede jugar con los aromas, añadiendo especias como la canela, el jengibre, el cardamomo, etc.

▶ Puré de manzanas merengado

- 800 g de puré de manzanas
- 6 claras de huevo
- Azúcar

Se coloca el puré de manzanas en una fuente engrasada. Se recubre con las claras de huevo que previamente se habrán batido a punto de nieve bien firme, se espolvorea con azúcar y se pasa al horno un cuarto de hora.

▶ Carlota de manzanas

En el fondo de una fuente engrasada se colocan una capa de cuadritos de pan bien dorados en el horno o al grill (pan integral, semi o blanco, según el estado de los intestinos), y luego se procede como en la receta del «puré merengado».

BIBLIOGRAFÍA

Los libros citados a continuación están disponibles en el idioma original del autor. En el caso de haber traducción al español se señala título y año de publicación para facilitar al lector su búsqueda y brindarle la oportunidad de ampliar la información.

Claude Aubert: *Les aliments fermentés traditionnels: une richesse méconnue,* Éditions Terre Vivante, 1996.

Claude Belou: *Les délices du potager,* Vie et Santé (77192 Dammarie-lès-Lys Cédex), 2001.

Dr. Yu-Hua Chen: *La diététique du yin et du yang,* Robert Lafont, Réponses Santé, 1995.

Chantal & Lionel Clergeaud: *À la découverte des aliments fermentés, pour dynamiser votre assiette,* Éditions Danglas, 2005.

Jacques-Pascal Cousin: *Santé et vitalité par l'alimentation vivante,* Albin Michel, 1996.

Monique Le Breton: *Une assiette et des plantes sauvages,* B.P. 61,66500 Prades, 1998.

Hélène Magarinos: *Cuisinons avec les algues,* Éditions Équilibres Aujourd'hui, 1991.

Maurice Mességué: *Mi herbario de salud,* Plaza y Janés, 1985.

Pierre-Henri Meunier: *La santé vient mangeant: précis de diététique chinoise traditionnelle à l'usage de tous,* Éditions PHM, 10, rue Marcel Aymé, 39100 Dole, 1997.

Éric Nigelle: *Pouvoirs merveilleux de la pomme,* Éditions Andrillon, 1976.

Georges Oshawa: *Le zen macrobiotique ou l'art du rajeunissement et de longévité,* Édition J. Vrin, Librairie Philosophique, 1993 ?

Jean Pélissier: *Secrets de centenaires,* autoedición, 4 rue Martigny, 13008 Marseille, 1995.

Jean Valnet: *Se soigner par les légumes et les plantes,* Éditions Maloine, 1985. *L'alimentation macrobiotique: guide pratique selon l'enseignement de Michio et Aveline Kushi,* Éditions Ki, 1986.
—. *Guide conseil pour une meilleure alimentation et une meilleure santé,* Éditions Ki, 43260 Saint-Pierre-Eynac. (o c/o Celnat, Z.I. de Blavozy, 43700 Saint Germain Laprade).
—. *Les Quatre Saisons,* Revue bimestrielle, Éditions Terre Vivante, Dossier riz, n.° 148, sept.-oct. 2004.

Índice

¿Tu alimentación ayuda a tu cuerpo a autoprotegerse? ¿Te gustaría comer más sano y seguir disfrutando de la comida? Estas deliciosas recetas controlan la inflamación y mejoran tu salud.

JESSICA K. BLACK

El libro de la dieta
y de *recetas* contra
la **inflamación**

EDICIONES OBELISCO

Las investigaciones actuales muestran claramente que nuestra salud depende de los alimentos que consumamos. Las malas costumbres alimentarias y las alergias ocultas pueden provocar inflamaciones en el organismo, que, a su vez, pueden dar lugar a una serie de enfermedades crónicas graves.

Con este libro, la Dra. Black responde a la demanda de muchos de sus pacientes, que siguiendo una dieta naturópata y antiinflamatoria, no podían encontrar recetas que preparar. Ella misma diseñó y probó las recetas, eliminando alimentos alérgenos y usando ingredientes ecológicos y nutritivos que reducen la ingesta de pesticidas y hormonas y que ayudan a tener un organismo más fuerte y sano, con una mayor capacidad para sanar.

La primera parte del libro explica la base científica de la dieta. La segunda parte contiene 125 recetas sencillas y sabrosas, adaptadas a la estación: desde desayunos, tentempiés y sopas hasta infusiones, entrantes, ensaladas y deliciosos postres. La autora ofrece sugerencias de sustitución de ingredientes y añade un consejo saludable a cada receta.

Si lo desea puede enviarnos algún comentario sobre

BIENESTAR INTESTINAL

Esperamos que haya disfrutado con la lectura y que este libro ocupe un lugar especial en su biblioteca particular. Dado que nuestro principal objetivo es complacer a nuestros lectores, nos sería de gran utilidad recibir sus comentarios, enviando esta hoja por correo, fax o correo electrónico a:

EDICIONES OBELISCO
Pere IV 78, 3° 5ª
08005 Barcelona (ESPAÑA)
Fax: (34) 93-309-85-23
e-mail: comercial@edicionesobelisco.com

✍ Comentarios o sugerencias:
_____
_____
_____

✍ ¿Qué le ha llamado más la atención de este libro?
_____
_____
_____

✍ ¿Desea recibir un catálogo de nuestros libros? (Válido sólo para España.)
❏ SÍ   ❏ NO

✍ ¿Desea recibir nuestra agenda electrónica de actividades?
❏ SÍ   ❏ NO

Si desea recibir **NUESTRA AGENDA ELECTRÓNICA** de actividades con conferencias, talleres y eventos, además del boletín con las nuevas publicaciones, puede darse de alta automáticamente en nuestra web **www.edicionesobelisco.com** y facilitarnos sus datos en el apartado Suscríbase.

Nombre y apellidos:
Dirección:
Ciudad: Código Postal:
Provincia/estado: País:
Teléfono: E-mail:

¡Gracias por su tiempo y su colaboración!